Ina Ruschinski

Mit Bildern von
Aaron-João Markos

Die weise Schamanin in dir

Rufe deine Seelenkraft wach

Begleitbuch zu den 40 Karten

Schirner Verlag

Wir verzichten auf das Einschweißen unserer Kartensets – **UNSERER UMWELT ZULIEBE!**

ISBN 978-3-8434-9203-4

Ina Ruschinski
Mit Bildern von Aaron-João Markos
Die weise Schamanin in dir
Rufe deine Seelenkraft wach

1. Auflage Mai 2023

Box, Karten & Begleitbuch: Anna Katharina Berg, Schirner, unter Verwendung von Illustrationen von Aaron-João Markos
Illustrationen: © Aaron-João Markos, www.artstation.com/aaron-joao
Lektorat: Claudia Simon, Schirner
Printed & bound by: Ren Medien GmbH, Germany

www.schirner.com

Angyalom, für dich.
Danke für deine Herde –
und meinen Platz darin.

Inhalt

Einleitung

Die weise Schamanin steht für deine ureigene Seelenkraft und die Erinnerung an deine dir mitgegebene Weisheit. Durch die Karten und ihre Botschaften ruft sie das elementarste Wissen in dir wach, das uralt und schamanisch geprägt ist. Denn Schamanismus bedeutet im Kern seines Wesen die Verbindung zur Schöpfung, zu allem, was ist, allem Beseelten einschließlich der Weltenseele.

Wenn du den schamanischen Weg gehst, erkennst du, dass alles miteinander verbunden, nicht voneinander getrennt ist. Alles ist eins: Zeit und Raum, das Oben und das Unten, wie im Großen, so im Kleinen ... – und deine Seele wandert dazwischen. Leicht und spielerisch holt sie sich ihre Inspiration und das Wissen, das du für deinen nächsten Schritt benötigst. Dein Ego tritt beiseite, damit dein wahres Ich, die weise Schamanin in dir, deine Seele, wirksam werden kann. Sie ist es, die alles kennt und alles schon erfahren hat: Geist, Natur, Erde, Allbewusstsein, das große Ganze.

Seit im Jahr 2009 mein Roman »Seelenwege« erschien, werde ich immer wieder nach der Schamanin Guai Yaga gefragt, danach, ob es sie wirklich gäbe und ob man zu ihr reisen könne. Und ob ich nicht vielleicht selbst Guai Yaga sei. Nein, leider nicht. Es tut mir jedes Mal von Herzen leid, antworten zu müssen, dass Guai Yaga nicht existiert – jedenfalls nicht so, wie sie im Buch beschrieben wird. Sie ist das Ziel meiner Reise zu mir selbst. Ich bin auf dem Weg zu ihr, langsam, und manchmal halte ich inne oder gehe Schritte zurück. Doch ich habe sie immer im Blick und in meinem Herzen: die Kraft meiner inneren Schamanin. Und diese Erfahrung möchte ich hier mit dir teilen.

Manchmal gelangen wir an einen Punkt im Leben, an dem wir denken: »Wie geht es weiter und wohin? Was ist mein Auftrag? Wo finde ich Heilung und wo Glück?« Es fühlt sich an, als würden wir im Nebel stehen. Wir irren orientierungslos umher und suchen. Doch unsere Suche führt uns allenfalls im Kreis herum, jedoch nicht weiter, nicht an das erhoffte Ziel. Und wenn sich der Nebel endlich lichtet, erkennen wir vielleicht, dass wir an einer Stelle stehen, an der wir ursprünglich gar nicht sein wollten.
In genau solchen Momenten sehnen wir uns nach jemandem, der uns an die Hand nimmt und sagt: »Dort entlang. Das ist dein Weg. Das bist du!« Wir wünschen uns eine weise Schamanin an unserer Seite.

Kennst auch du solche Phasen im Leben? Und wenn dem so ist, glaubst du, dass selbst die mächtigste Mystikerin dir dann sagen kann, wer du wirklich bist und wo entlang dich dein Weg führen soll? Bist du nicht selbst die klügste Person für dich und dein Leben? Gibt es jemanden, der weiser zu dir sprechen könnte, als deine eigene Seele und dein Herz es vermögen?

Es gibt viele weise Frauen auf dieser Erde, die wie Guai Yaga sind: kraftvoll und mit einem großen Herzen, verbunden mit der Welt der Ahnen und der Krafttiere, mit dem Bewusstseinsfeld der Erde und dem großen Ganzen. Sie wissen um die Weisheit und Kraft ihrer Seele, sie haben die Gabe, zu heilen und in Sphären zu reisen, aus denen sie ihre mystischen, hellseherischen Botschaften erhalten.

Aber auch solche kraftvollen Schamaninnen und weisen Frauen können uns letztlich nicht die Entscheidung für unseren Seelenweg abnehmen. Sie können Impulsgeberinnen sein, uns helfen, begleiten und unterstützen. Doch die Entscheidung, zu gehen, müssen wir allein treffen, begleitet von den Fragen: »Will ich das wirklich? Werde ich meinen Weg gehen, egal, wie holprig und beschwerlich er zu Anfang vielleicht sein mag?«
Es ist dein Weg, deine Entscheidung, ob und wann du gehst – um zu dir selbst und in deine Kraft zurückzukehren.

Guai Yaga würde zu dir sagen:

»Du hast die weise Schamanin in dir. Du musst sie nur erwecken, ihr lauschen und mit ihr in Resonanz gehen – und zwar in jedem Moment deines Leben. Das ist die Kunst, doch das ist auch die Kraft, die du hast und die dir nie abhandenkommen wird.«

Und während sie das zu dir sagt, liebevoll lächelnd und mit einem Augenzwinkern, entzündet sie ein Feuer, lässt ihren Salbeirauch verströmen und beginnt, zu erzählen …
Lassen wir die weise Schamanin in uns wieder zu Wort kommen. Reichen wir ihr die Hand und lauschen ihren und damit den Botschaften unserer Seele.

»Wer sich einmal auf den Weg macht – geht,
schaut zurück, vielleicht manchmal mit Sehnsucht,
aber kehrt nie mehr um.
Es gibt nur einen Weg – den eigenen.
Er kann beschwerlich sein, Angst bereiten,
doch offenbart er sich,
ist er klar, hell und kraftvoll
wie eine lange vergessen geglaubte Erinnerung an sich selbst –
an die Aufgabe der Seele.«

Mit diesen Worten beginnt »Seelenwege«. Und so beginnt auch Nidas Seelenweg zurück zu sich selbst. Sie, die Romanheldin, braucht 17 Tage, 17 Schritte, um zu erkennen, wer sie wirklich ist, welche Kraft noch unbeachtet und nicht gelebt in ihr verborgen liegt. Vielleicht beginnt auch dein Weg so? Mit einer Ahnung von dir selbst, davon, dass da noch so viel mehr in dir ruht. Es ist keine Ahnung, es ist dein Wissen, worauf du vertrauen kannst! In dir ist noch so viel mehr: ein Schatz, ein Licht, eine Kraft. Und all das will gelebt werden.
Doch zunächst steht dir eine Reise bevor, auf der dich grundlegende Fragen begleiten werden: »Wer bin ich? Was bewegt mich, meine Seele, mein Herz? Wo stehe ich gerade, und wohin soll mein Weg mich führen?« Dir werden Glück und Schmerz begegnen, und für beides wirst du Mut und Stärke brauchen.

Der schamanische Weg ist immer wahrhaftig, voller Mystik und Offenbarungen, aber er verlangt dir auch einiges ab. Er erfordert Vertrauen, Hingabe und Konzentration, manchmal auch erbarmungslose Selbstreflexion. Doch so ermöglicht er

dir dein Weiterwachsen, dein Entwachsen gewohnter, ausgedienter Pfade.
Manchmal werden dich Zweifel begleiten. Prüfe sie, und sei dabei aufrichtig zu dir selbst. Wenn sie dir keinen wichtigen Hinweis geben, sondern dich an deinem Vorankommen hindern wollen, dann wirf sie ins Feuer, auf dass sie transformiert werden.
Sei immer gewahr: Es ist dein Weg. Es ist deine Seele, deine weise Schamanin, die zu dir spricht. Es sind deine innere Kraft und Weisheit, die du von nun an erweckst – jeden Tag ein bisschen mehr.

Wie dich die Karten begleiten können

Die 17 Schritte der Transformation

Das Kartenset besteht aus 17 Transformations- und 23 unterstützenden Helferkarten. Gemeinsam begleiten sie dich zurück zu dir selbst und erinnern dich an deine Kraft, deinen Platz in diesem Leben, deine Sehnsucht, deine Aufgabe und an dein unerschütterliches Wissen: »Das bin ich!«

Die 17 nummerierten Transformationskarten stehen für die großen Themen und somit für die einzelnen Schritte auf deinem Seelenweg. Sie sind eindrucksvoll bebildert und schenken dir einfühlsame, unterstützende Botschaften. Zudem legt dir jede Karte eine heilende Aufgabe ans Herz. Vielleicht nimmst du die Karten und ihre Impulse gern an, möglicherweise spürst du aber auch Widerstände. Es ist dein Weg, es sind deine Hindernisse, aber auch deine sich dir zeigenden Glücksmomente. Licht und Schatten sind nicht zu trennen. Das macht dich ganz.

Widme dich Schritt für Schritt und ganz in deinem Tempo den 17 großen Transformationsthemen. Du kannst dir dafür eine Auszeit nehmen und wie in einem Retreat 17 Tage ab- und dann wieder auftauchen. Statt für jeden Tag kannst du dir auch für jedes Wochenende oder jeden Monat einen Schritt vornehmen. Wenn du willst, unterbrich deine Reise zu dir, und führe sie irgendwann fort. Oder verweile länger bei einem Thema, wenn du zum Beispiel mehr Zeit dafür brauchst oder tiefer darin eintauchen möchtest. Auch kannst du bestimmte Schritte wiederholen und manche in deinen Alltag integrieren, zum Beispiel »Die Reinigung auf allen Ebenen des Seins«. Gehe so voran, wie es sich für dich stimmig anfühlt. Es ist dein Weg. Es ist dein Rhythmus. Es ist deine Heilung.

Suche dir für deine 17 Schritte Quellen der Kraft und Orte der Stille, an denen du dir selbst begegnen kannst. In der Weite der mongolischen Steppe kann die Seele der Schamanin reisen, Himmel und Erde berühren und ihre Kraft entfalten. Dort verspürt sie das unerschütterliche Wissen: »Ich bin groß, ich bin eins. Ich kann leben oder sterben – auch das ist eins.«
Wenn du dich nun auf deinen Weg begibst, welche heilsamen Plätze können dich dabei unterstützen? Wo soll deine schamanische Jurte stehen? Wo soll dein transformierendes Feuer brennen und seinen reinigenden Rauch verströmen? An wel-

chem Ort hast du das sichere und vertraute Gefühl, dass du in wahrhaftiger Verbindung mit dir selbst sein kannst? Dein »Kraftort« kann auch ein täglicher Spaziergang oder die stille Einkehr in dich selbst sein. Ob im Außen oder in deinem Inneren, entscheidend ist, dass du spürst, wann du Zeit für dich an diesem Ort benötigst.

Mache es zu deinem Ritual, deinen Kraftort während des Prozesses täglich und danach auch weiterhin regelmäßig aufzusuchen. Verweile dort so lange, wie es für dich stimmig ist. Sei gut zu dir, indem du dir erlaubst, dich selbst mit all deinen Facetten wahrzunehmen: verwundbar, beseelt, verletzlich, berührt, kraftvoll und schwach – eben dich, so, wie du gerade bist. Das macht dich ganz.

Nimm am Morgen die gewählte Karte, betrachte sie, nimm ihr Thema in dich auf, und lies ihre Botschaft in diesem Begleitbuch. Dann gehe mit der Karte durch den Tag, lasse dich von ihr begleiten, ihre Energie auf dich und in dir wirken, und lausche dabei deiner Seele. Was hat sie dir zu sagen?

Du hast die Möglichkeit, die 17 Schritte nacheinander, also entsprechend der Nummerierung, zu gehen oder deine Themenreihenfolge intuitiv zu wählen.

Wenn du nicht der Nummerierung folgen, sondern intuitiv wählen willst, würde ich dir dennoch empfehlen, zunächst die ersten drei Themen »Die Offenbarung des Jetzt«, »Die Reinigung auf allen Ebenen des Seins« und »Der Ort, an dem die Seele singen kann« anzugehen. Sie bilden eine sichere Grundlage und bereiten dich gut auf die nächsten Schritte auf deinem persönlichen Weg vor. Vielleicht begegnen dir durch das intuitive Wählen manche Themen besonders häufig. Das bedeutet dann, dass sie noch mehr Zeit, Aufmerksamkeit und Heilung benötigen.

Die 23 Helferkarten unterstützen dich mit ihren Botschaften zusätzlich auf deinem Transformationsweg und beim Durchleben und Durchspüren des jeweiligen Themas.
Wenn du willst, kannst du morgens intuitiv eine Karte ziehen und dich von ihrer Kraft durch den Tag begleiten lassen. Du kannst auch mehrere wählen, wenn es dir deine innere Stimme nahelegt. Die Helferkarten sind auf vielfältige Weise einsetzbar, zum Beispiel, wenn du dir mehr Klarheit zu herausfordernden Themen oder Situationen im Alltag wünschst. Ebenso können sie dir als hilfreiche Impulsgeber bei bestimmten Fragestellungen dienen. Es steht dir frei, unabhängig von den Transformationskarten kreativ mit ihnen zu arbeiten. Folge auch hier deinen eigenen Intentionen.

Aus allen Karten eine Botschaft wählen

Du kannst dich von dem gesamten Kartenset auch in Bezug auf ein ganz bestimmtes Thema oder eine Fragestellung unterstützen lassen. Nutze es jederzeit in deinem Alltag, um dich daran erinnern zu lassen, wer du bist. Vertraue dabei ganz deiner Intuition. Besinne dich auf das Thema oder die Fragestellung, und wähle aus den 40 Karten eine oder auch mehrere Karten aus, ganz so, wie es sich für dich stimmig anfühlt. Sie werden dir in jedem Fall kraftvolle Begleiter auf deinem Weg sein.

Eine Tageskarte ziehen

Wenn du einfach nur einen unterstützenden Impuls für den Tag haben willst, dann empfehle ich dir, intuitiv eine der 23 Helferkarten zu ziehen. Nimm ihre heilende Botschaft in dich auf, und lasse dich von ihrer Schwingung durch den Tag begleiten und dich von ihrer Energie inspirieren.

Für deine Klienten in der Therapie und Heilarbeit

Wenn du einer therapeutischen oder heilenden Berufung folgst, kann das Kartenset deine Arbeit mit deinen Klientinnen und Klienten sehr gut ergänzen. Lasse sie zum Beispiel zu Beginn als Einstimmung oder auch am Ende einer Sitzung oder eines Seminars eine Karte ziehen, und wähle, wenn du willst, ebenfalls eine für dich. Verwende dazu entweder alle Karten oder, je nach Heilarbeit, nur die Transformations- oder die Helferkarten.

Die Einstimmung

Kannst du es kaum erwarten und möchtest zum Beispiel gleich eine Tageskarte ziehen oder einfach ein Gespür für die Karten bekommen und sie ausprobieren, dann lies zunächst die folgende kurze Einstimmung, bevor du loslegst.
Wenn du den 17-Schritte-Transformationweg antreten möchtest, widme dich in Ruhe der ausführlichen Einstimmung, S. 16.

Kurze Einstimmung

Tauche mit deinem Spirit in die Erde,
und berühre einen Moment lang ihr Herz.
Nimm die Energie mit, und reise mit deiner Aufmerksamkeit
in dein Herzzentrum, den Sitz deiner Weisheit.
Sei dir deines Herzens bewusst.
Öffne dein Kronenchakra, und dehne deinen Spirit aus –
bis in die Ebene deines Höheren Selbst hinein.
Gehe in Verbindung mit dem großen Ganzen und,
wenn du willst, auch mit deinen Ahnen und Engeln.
Bitte um Eingebung und Führung für dich
und dein Thema durch diese Karten.

Nimm die Karten in die Hand, und behandle sie wie eine Heiligtum. Je nach Intention kannst du alle 40 Karten oder nur die 23 Helferkarten verwenden.
Stimme dich auf dein Anliegen, dein Thema oder deine Fragestellung ein, und breite die Karten verdeckt vor dir aus. Lasse

deine linke Hand, die Herzhand, dicht über den Karten schweben, und spüre, welche die richtige ist. Du wirst es merken, denn du gehst mit ihr in Resonanz. Decke die Karte auf, und lasse das Bild und die Affirmation auf dich wirken. Dann lies die dazugehörige Botschaft im Buch.

Zur Schamanin werden – umfassende Einstimmung für deinen Transformationsweg

Die folgende schamanische Einstimmung führt dich in die Wiederverbindung mit deiner inneren Weisheit, der Schamanin in dir, deiner Seele, ebenso mit der Weltenseele und dem großen Ganzen. Auf diese Weise bist du jeden Tag mit deiner Kraft verbunden. Du kannst heil werden und heilen, deine Intuition wird ebenso wachsen wie dein Mut, unbeirrt deinen eigenen Seelenweg zu gehen.
Erinnere dich: Du bist die weiseste Person, was dich und dein Leben betrifft. Du hast das Wissen, das du brauchst, in dir. Lasse es uns erwecken!

Dich auf den spirituellen, schamanischen Weg zu begeben, bedeutet, deine Seele wandern zu lassen: zur Quelle deiner Intuition, deiner Inspiration, deines Urwissens, deiner Heilkraft, deiner Verbindung zu allem, was ist, der Schöpfung selbst. Das geschieht durch innere Reisen, Meditationen, Zwiegespräche mit deiner Seelenkraft, deinem höheren Bewusstsein, deinen Ahnen und nicht zuletzt durch deine feinfühlige Wahrnehmung des großen Ganzen. In diesem uns alle umgebenden Energiefeld ist alles, was ist, war und sein wird, gespeichert. Es ist der Ursprung des Seins, die Welt der Spirits.

Löse dich auf,
überwinde die Grenzen,
begegne deinem Innersten,
öffne dein Herz,
tauche in die Erde,
fliege mit der Seele,
und lausche …

Die Elemente der inneren Kraft

Ich möchte dir hier vier Elemente ans Herz legen, die du für deinen Weg benötigst. Sie dienen dir zur intuitiven Arbeit mit den Karten. Doch ihr Wirken reicht viel tiefer: Sie unterstützen dich auf deinem schamanischen Weg, wann immer du deiner inneren Weisheit, der Schamanin in dir, lauschen möchtest, unabhängig von der Arbeit mit dem Kartenset.

Der Platz: Wähle deinen heiligen Ort, einen Platz, an den du dich zurückziehen kannst, an dem du Ruhe findest, von wo aus deine Seele sicher fliegen kann und wo sich deine Ahnen eingeladen fühlen, dich zu inspirieren. Das kann ein ruhiges Zimmer sein oder ein Plätzchen draußen in der Natur, wo keine störenden Geräusche deinen Geist ablenken, dir niemand anderes begegnet. Vertraue dir selbst, welcher Ort dafür gut ist. Du kannst ihn auch wechseln, es muss nicht immer derselbe sein.

Die Erdung: Die Erdseele ist eine wichtige Begleiterin bei allen spirituellen, schamanischen Tätigkeiten. Sie hält dich fest, im wahrsten Sinne des Wortes, und kann dir Botschaften zukommen lassen, wenn du dich für ihre sanfte Stimme öffnest. Sich zu erden, ist essenziell, um in Verbindung zu gehen. Alles ist Erde, wurde aus ihr geboren und kehrt zu ihr zurück. Auch wir Menschen sind im Grunde nur Erde.
Setze dich auf den Boden, atme tief ein und langsam aus, um zur Ruhe zu kommen. Schließe die Augen, und stelle dir vor, wie du in die Erde eintauchst und für einen Moment lang ihr Herz berührst. Wenn du dabei ein Gefühl von Liebe und Verbundenheit in dir wahrnimmst, bist du eins geworden mit der Erde und mit allem, was auf und in ihr wächst und lebt. Nimm dieses Gefühl mit, und reise nun in dein eigenes Herz.

Die Herzöffnung: Dein Herzzentrum ist der kraftvollste Ort in dir. Dort ruht die Weisheit deiner Seele. Um mit ihr in Kontakt zu kommen, musst du dein Herzchakra bewusst öffnen.
Richte deine Aufmerksamkeit auf dieses Energiezentrum, und lege deine Hand auf die Mitte der Brust. Spüre, wie empfindsam dieser Bereich ist, atme lächelnd ein und aus, und sprich in Gedanken oder auch laut folgende Worte: »Ich öffne mein Herz und gehe in Resonanz mit der bedingungslosen Liebe.«

Stelle dir die bedingungslose Liebe als eine geistige Urkraft im Universum vor, mit der du dich nun verbindest. Nimm wahr, wie sich dein Herzzentrum weit ausdehnt und mit ihm zusammen auch deine Seele. Dein Licht ist entfacht.

Der Flug mit der Seele: Jetzt kannst du mit deiner Seele fliegen. Öffne dein Kronenchakra, das sich am höchsten Punkt deines Kopfes befindet. Es ist, als würde sich dein inneres Licht nach oben hin ausdehnen. Stelle dir vor, du würdest von deinem Herzen aus mit deinem Bewusstsein durch dein Kronenchakra reisen und das Licht des Himmels berühren.
Dort, im Herzen des großen Ganzen, wohnt eine Essenz deiner Seele, dein Höheres Selbst. Es offenbart dir die Weisheit und Inspiration, die du für deine spirituellen Fragen benötigst. Verbinde dich mit diesem Teil deiner Seele, und sprich in Gedanken oder auch laut folgende Worte: »Ich gehe in Verbindung mit der Schamanin in mir, mit meiner allwissenden Seele.«

Dein Weg der 17 Schritte beginnt ...

Um eine Karte zu ziehen, suche dir einen ungestörten Platz. Ich setze mich immer gern auf den Boden, doch natürlich kannst du auch einen Stuhl und einen Tisch benutzen. Nimm die Karten in die Hand, und behandle sie wie ein Heiligtum. Trenne die 23 Helfer- von den 17 Transformationskarten. Suche aus letzteren die Karte zum ersten Schritt heraus, und lege sie aufgedeckt vor dich hin. Betracht das Bild und das Thema, und nimm die Schwingung der Karte wahr. Lies dann im Begleitbuch die Botschaft und die Aufgabe zu deinem ersten Schritt. Nimm dir die Zeit, die du benötigst, um sie auf dich wirken zu lassen bzw. sie umzusetzen.
Wenn du willst, gehe meditativ mit der Schamanin in dir in Kontakt. Vielleicht wird dir weiteres Wissen zuteil.

Nun kannst du eine der 23 unterstützenden Helferkarten ziehen. Spüre in dein Herz, öffne deinen Geist, und bitte um Eingebung und Führung. Breite die 23 Karten verdeckt vor dir aus. Lasse deine linke Hand, die Herzhand, dicht über den Karten schweben, und spüre, welche die richtige ist. Du wirst es merken, denn du gehst mit ihr in Resonanz. Vielleicht nimmst du ein Kribbeln, eine magnetische Anziehung wahr, oder du weißt ganz einfach: »Das ist die unterstützende Botschaft für meinen ersten Schritt.« Decke die Karte auf, und lasse das Bild und die Botschaft auf dich wirken. Dann lies den dazugehörigen Text im Begleitbuch.

Auf diese Weise gehe alle 17 Schritte – in deiner Zeit, deinem Tempo, achtsam und liebevoll mit dir selbst.

Die Karten

Die Transformationskarten

1.
Die Offenbarung des Jetzt

Es ist, als hätte dich ein Sturm mitgerissen, durchgeschüttelt und kurzfristig zu Boden geworfen. Nun stehst du da, inmitten deines persönlichen Chaos, und musst dein Leben neu aufbauen – wie ein Haus, Stein für Stein. Nein, eigentlich musst du nicht, aber du willst!

Manchmal fragen wir uns: »Ist das noch mein Leben? Tue ich das, was ich tun will und muss?«
Stelle dir vor, du stehst am Ufer eines Flusses, der mit mächtiger Strömung ins Meer fließt. Dieses Bild kannst du auf dich übertragen: Du bist im Strom des Lebens und wirst einmal ins große Meer zurückfließen. Doch auf dem Weg dorthin hast du die Wahl: Du kannst von Zeit zu Zeit ans Ufer gehen, innehalten und das Fließen des Stromes von außen betrachten. Du kannst dich fragen, wer mit dir fließt. Du kannst spüren, ob du gut getragen wirst oder untergehst, ob dich Liebe, Leichtigkeit und Freude begleiten. Du kannst auch manchmal gegen den Strom schwimmen. Wir fließen durch das Leben, doch auf welche Weise wir das tun, ist unsere Entscheidung.
Veränderung braucht Mut. Unser altvertrautes Leben, in dem wir uns bislang so sicher und unaufgeregt bewegten, plötzlich neu zu gestalten, erfordert Vertrauen, Hingabe und Entschlossenheit. Manchmal mehr, als wir zu haben glauben. Das kann Ängste hervorrufen, doch ebenso die Gewissheit, dass der Wandel notwendig ist, weil wir spüren, dass nur Veränderung uns wahrhaftig zu uns selbst führt, zur Entfaltung unseres Potenzials und unseres Glücks. Das sind wir uns, unserer Seele schuldig. Denn es ist unser Leben, unser Strom.

Aufgabe:

Heute ist es deine Aufgabe, das Jetzt wahrzunehmen. Wo stehst du gerade? Betrachte deinen Ist-Zustand, und ziehe eine Bilanz.

Sei vollkommen ehrlich zu dir selbst, und horche in dich hinein. Bist du voller Freude auf deinem Lebensweg unterwegs, oder sind kleine, vielleicht auch größere Veränderungen notwendig? Mache die Disbalance ausfindig, sofern sie an irgendeiner Stelle vorhanden ist. Suche das Ja, und entdecke die schönen und wahrhaftigen Dinge in deinem Leben, die dich glücklich machen und essenziell für dich sind.

Verlasse den Strom, gehe ans Ufer, und halte betrachtend inne. Schreibe auf, was gut ist, was dich trägt und was du bewahren willst. Notiere auch, wo Wandeln erforderlich ist. Schaue dir die Bereiche und Themen genau an. Dann gehe in Gedanken mit dem, was du aufgeschrieben hast, durch die Natur. Das stille Gehen macht dich empfänglich für die Botschaften deiner Seele. Es hilft dir, Altes loszulassen, und gibt dir Kraft für die Veränderung.

Sprich mit einem dir vertrauten, verständnisvollen Menschen über deine Empfindungen, über das, was dich bewegt, und vielleicht auch über mögliche Entscheidungen, die in dir gären. Überlege im nächsten Schritt, wer oder was dich während deines Veränderungsprozesses begleiten und unterstützen kann.

2.
Die Reinigung auf allen Ebenen des Seins

Der Strom umfließt deinen Körper, spült alles davon. Es fühlt sich an wie ein reinigendes Bad auf allen Ebenen des Seins. So soll es beginnen, dein neues Leben: rein gewaschen von allem Alten.

Schamaninnen und Schamanen wissen um das Wesen der Energien. Sie können sich mit ihnen verbinden, sie einladen und mit ihnen arbeiten. Energie ist überall. Sie kann leicht und heilend sein, positiv und inspirierend. Sie kann uns aber auch blockieren und schwächen, negativ und bedrückend sein. Energien fließen oder sind manifestiert. Sie sind an Orten und Landschaften in ihrer entsprechenden Qualität wahrnehmbar, sie umgeben Tiere, Menschen und sogar Gegenstände. Wer heilen oder geheilt werden möchte, sollte des Wesens und der Wirkung von Energien gewahr sein und lernen, sie aufzunehmen, sich vor ihnen zu schützen oder sie zu transformieren.
Manchmal können Menschen, Orte, Gedanken, Taten und auch vergangene Ereignisse Energien in deinem Energiefeld hinterlassen, die du vielleicht nicht haben möchtest. Vertraue deiner dir angeborenen Gabe, Energien zu spüren und einzuordnen. Was sind gute Energien, und vor welchen musst du dich schützen? Wenn du dich auf einen neuen Weg begibst, solltest du das befreit und mit Leichtigkeit tun. Reinige deine Aura und deinen Geist, löse und lösche blockierende Anhaftungen. Es ist, als würdest du dir ein reines, strahlend weißes Hemd

überziehen, das dir einen lichten Schutz gibt und dich für den nächsten Schritt mit neuer, frischer Kraft umhüllt.
Die Reinigung auf allen Ebenen des Seins schließt natürlich deinen physischen Körper mit ein. Auch er benötigt von Zeit zu Zeit eine innere Reinigung. Das versorgt ihn mit neuer Lebenskraft und unterstützt so dein Wohlbefinden und die Prozesse deiner Seele.

Aufgabe:
Heute ist es deine Aufgabe, ein reinigendes Bad auf allen Ebenen des Seins zu nehmen. Das kann mit Wasser, Licht, Geisteskraft, Energie, Schall und Rauch geschehen.
Entscheidend ist deine geistige Einstellung, dass du Altes, Ungutes oder Fremdenergien aus deiner Aura gehen lassen willst. Schaue, welche der Möglichkeiten dich ansprechen.
Wasser reinigt. Bitte das Wasser, alles fortzuspülen, was du von nun an nicht mehr brauchst. Du kannst Salzwasser nutzen, um deinen Energiekörper tiefgehend zu reinigen. Ebenso eine Dusche, in der du bewusst einige Minuten lang alles von dir und deiner Aura abwäscht. Die Dusche kann auch aus strahlendem Licht bestehen. Begib dich dazu nach draußen, stelle dich mit beiden Füßen fest auf den Boden, und bitte das göttliche Licht des Himmels, deinen Lichtkörper zu durchfluten und alle Energien aus deiner Aura fortzuschwemmen, die du nicht mehr haben willst.
Du kannst auch die Violette Flamme bitten, deinen Körper und deine Aura zu reinigen. Sie unterstützt dich, alles Schwere aus deinem Energiefeld zu entfernen.
Die Engel, insbesondere Erzengel Michael, sind ebenfalls in der Lage, dich von Fremdenergien, Flüchen, Blockaden oder ande-

re Belastungen zu befreien. Bitte sie, Anhaftungen aufzuspüren und von dir abzutrennen.
Eine weitere Variante besteht darin, mit Schall und Rauch zu arbeiten. Trommle oder klatsche alles fort, was an dir haftet. Entzünde etwas Salbei, Palo Santo oder Weihrauch, um deine Aura und auch den Ort, an dem du lebst, zu räuchern.
Kümmere dich zudem liebevoll um deinen physischen Körper. Welcher Reinigungsprozess kann ihn unterstützen, was tut deinem Körper gut? Eine Nahrungsumstellung, der Verzicht auf Genussmittel für eine gewisse Zeit, ein Entgiften oder Entschlacken, Fasten, Ölkuren und Massagen, Kräuter, Tees, bestimmte Yogaübungen und Energieatmung – auch hier gibt es viele Möglichkeiten. Entwickle ein Gespür dafür, wann es notwendig ist, sie zu nutzen.

3.
Der Ort, an dem die Seele singen kann

Der Ort, an dem deine Seele singen kann, ist nicht dort, wo du denkst, dass er sein könnte oder müsste, sondern dort, wo er sich dir offenbart. Dort erkennst du: »Alles ist vollkommen. Das ist mein Platz. Hier kann ich sein, wie ich bin.«

Die Erde hält viele schöne, kraftvolle und befreiende Orte für uns bereit. Die Kunst ist es, sie zu erkennen und zu spüren: »Das ist ein Ort für mich, hier fühle ich mich wohl, finde Kraft und Ruhe zugleich und kann alles Belastende loslassen.«
Ein Ort kann der Heilung dienen, der Stille und Einkehr, der Erholung, des kreativen Ausdrucks, der Lebensfreude und der Begegnung mit anderen. Er kann dir das Gefühl geben, zu Hause zu sein – angekommen bei dir.
Wo lebst du und verbringst deinen Alltag? Fühlst du dich dort wohl, sicher und geborgen? Oder strebt etwas in dir nach Veränderung, wünscht sich einen Ortswechsel? Es ist nicht leicht, Gewohntes aufzugeben und dich auf den Weg zu etwas Neuem zu machen – auch wenn sich dein Herz vielleicht danach sehnt. Dein Ort ist auch ein Platz, den du dir nimmst – im vollen Bewusstsein und Wissen, dass du sein kannst, wie du bist, und dass du deinen Platz im Leben beanspruchen darfst.
Wenn er sich dir offenbart, weißt du im selben Moment: Das ist dein Ort für Stille, Nähe und Zufriedenheit. Dein Ort für Heilung und Achtsamkeit, für Freude, Lachen und Spiel. Dein Ort für Trost und Wahrhaftigkeit. Für die Verbindung zur Erde und

dem großen Ganzen, für Gebet und Intuition. Dein Ort, an dem sich deine Seele weit ausdehnen kann und du spürst, wie reich und erfüllt du bist. Er macht dich glücklich und gibt dir das Gefühl, dein wahres Zuhause gefunden zu haben.

Aufgabe:
Heute ist es deine Aufgabe, dich zu fragen, wo dein Ort der Kraft ist. Wo hast du das sichere und vertraute Gefühl, dass du über dich hinauswachsen und in wahrhaftiger Verbindung mit dir selbst sein kannst? Vielleicht hast du auch mehrere Orte in deinem Leben, die dir Energie spenden. Suchst du sie regelmäßig auf?
Wenn es noch keinen Kraftort in deinem Leben gibt, dann finde ihn. Du kannst darauf vertrauen, dass deine Intuition weiß, welcher Ort für dich der richtige ist. Vielleicht ist er draußen in der Natur, unter einem Baum, an einem See, auf einer Wiese oder einer Parkbank. Es kann ein heiliger Ort sein wie eine kleine Kapelle, eine Kirche oder ein besonderer Kraftplatz. Du kannst den Platz auch in deinem Garten oder in einem Zimmer deines Zuhauses selbst gestalten, zum Beispiel mit Heilsteinen, Federn, Holz, Kerzen, Schalen, Symbolen und Bildern. Du weißt selbst am besten, was deine Seele zum Schwingen bringt und was für dich einen Platz der Stille, der Heilung und des Gebets ausmacht.
Womöglich trägst du auch einen Ort der Sehnsucht in dir, einen, wo du dich bislang nicht hingetraut hast. Ebenso können Tiere, zum Beispiel Pferde, »Sehnsuchtsorte« sein. Der Ort kann in dir selbst ruhen oder in der innigen Begegnung mit anderen Menschen liegen. Er kann sich an verschiedenen Plätzen befinden, sich mit dir bewegen und sich unablässig wandeln.
Betrachte auch dein Zuhause. Fühlst du dich dort wohl, ist das

der Platz, an dem du sein möchtest? Wenn nicht, dann frage dich, was du verändern kannst.
Am Ende ist der richtige Platz dort, wo du sein kannst, wie du wirklich bist – mit weit geöffnetem Herzen. Warte nicht länger, finde ihn, und nimm ihn ein, denn die Zeit ist gekommen, in der dein Ort der Kraft immer wichtiger für dich wird.

4.
Die Urkraft des großen Herzens - Quelle bedingungsloser Liebe

Dein Herz durchdringt alle Ebenen deines Seins. Es ist dein Anfang und dein Ende. Es verbindet dich mit der großen, schöpferischen Quelle. In deiner Mitte leuchtet unaufhörlich ein Funken des ewigen Lichts. Wenn du den Schritt wagst, dein Herz zu öffnen, lässt du dein Licht fließen – und jeder wird es spüren. Das ist ein Weg, auf dem du langsam und behutsam schreitest, im Takt deines Herzens.

Deine Kraft ist groß, wenn du von Liebe erfüllt bist. Alles, was du tust, ergibt Sinn, wenn du es in Liebe tust. Gemeint ist nicht die Liebe zu einem anderen Menschen wie beim Verliebtsein. Es ist ein Urgefühl, das dir alt und vertraut erscheint, wenn du es wahrnimmst. Es ist in dir und begleitet dich seit vielen Leben. Du kannst es in dir wachrufen, wann immer du willst. Wenn du der bedingungslosen Liebe in dir den Raum gibst, dein Leben zu bestimmen, wirst du die Verbundenheit mit allem, was ist, spüren. Du wirst urplötzlich wissen, dass du dazugehörst und in der Gesamtheit der großen Schöpfung gut aufgehoben bist. Bedingungslose Liebe ist eine Energie, die schon immer da war und immer da sein wird, die Urenergie des großen Ganzen, und sie will sich ausdrücken – durch dich. Du gehst mit ihr in Resonanz, du atmest sie ein, du fühlst sie in deinem Herzen, deinem gesamten Sein. Sie ist die Kraft, die durch dein Fühlen, Denken und Handeln wirksam werden kann. Durch sie geschieht Heilung. Öffnest du dein Herz, bist du im selben Moment frei von Angst. Im Zustand der bedingungslosen Liebe entstehen tiefe

Momente der Freude und des Glücks, ohne dass dafür ein Beweggrund im Außen notwendig ist. Es ist ein Schatz, den du in dir trägst, in deinem Herzen.

Aufgabe:

Heute ist es deine Aufgabe, dein Herz bewusst zu öffnen und die Kraft der bedingungslosen Liebe in dir zu aktivieren.
Lege deine Hand auf die Mitte der Brust, und spüre, wie empfindsam dieser Bereich ist. Richte deine Aufmerksamkeit auf dein Herzchakra. Atme lächelnd ein und aus, und sprich in Gedanken oder laut folgende Worte: »Ich öffne mein Herz für die bedingungslose Liebe, die Urkraft allen Seins. Ich aktiviere das Feuer in meinem Herzen.«
Nun spüre, wie sich dein Herzzentrum weit ausdehnt und du dort etwas ganz Besonderes wahrnimmst. Es fühlt sich weich und zugleich kraftvoll an. Es ist das Gefühl, das du kennst, wenn dir ein Tier sein Vertrauen schenkt, wenn du mitfühlend die Hand eines Menschen hältst, wenn du sanft lächelnd und voller Liebe das Geschehen um dich herum betrachtest. Es ist ein Empfinden von innerem Frieden und Dankbarkeit. Nun bist du in der bedingungslosen Liebe, in deiner Kraft. Du bist geschützt und eins mit deinem inneren Kern, deiner Seele. Versuche, dieses Gefühl der Liebe in dir bewusst zu verstärken. So entfachst du deine Herzenergie, die in der Lage ist, dich und andere zu heilen. Nutze diese Kraft, indem du sie so oft wie möglich in dir wachrufst und frei fließen lässt.
Gehe von jetzt an deinen Weg in dem Wissen weiter, dass du dein Feuer in dir entfacht hast. Die bedingungslose Liebe ist deine dich begleitende Energie, du musst sie nur in deinem Herzen aktivieren, jeden Tag, zu jeder Zeit, auf dass sie dein Denken, Handeln und Sein erfüllt.

5.
Der Schattenschmerz - Erinnerung an frühere Wunden

Liebst du dich? Alles an dir? Vielleicht magst du deinen Körper, dein Aussehen, das, was du nach außen hin darstellst. Aber wie stehst du zu deinen dunklen Anteilen, deinen Ängsten und alten Verletzungen? Nimmst du dich so an, wie du wirklich bist, mit allem, was zu dir gehört? Liebe dich in deiner Ganzheit, mit deinen Schatten. Erst dann können sie gehen, und du bist bereit für deine Vision.

Weißt du um deinen Schattenschmerz, deine verletzliche Seite, die dich in manchen Situation vollständig beherrscht? Es ist an der Zeit für Schritte in die Heilung. Gehe wertschätzend mit dir um, wenn sich dir dein Schattenschmerz zeigt, denn sein Dasein ist berechtigt. Er wurde in einer Situation des Mangels geboren, die du einst erleiden musstest. Jedes Mal, wenn du unbewusst an die Not von damals erinnert wirst, meldet er sich wieder. Das können ganz normale Alltagssituationen sein, in denen du gar nicht damit rechnest. Du fühlst dich gekränkt, verletzt, willst dich anderen nicht zumuten, keine Hilfe annehmen, wertest dich selbst oder andere ab, hast Angst oder fühlst nichts mehr – nicht einmal dich selbst. In diesen Momenten wirst du wieder zu dem verängstigten kleinen Kind, das nicht genug Liebe, Geborgenheit und Sicherheit bekommen hat.
Dein Schattenschmerz kann auch karmische Ursachen haben, einem früheren Leben entstammen. Dann trägst du in manchen Situationen innere Kämpfe aus, ohne zu wissen, woher

diese Düsternis in dir kommt. Du findest einfach keine Ursache dafür in diesem Leben, selbst wenn du bis in deine früheste Kindheit zurückblickst.
Ob der Schmerz aus diesem oder einem anderen Leben stammt: Wenn du um ihn weißt, kannst du lernen, deine Schatten, deine Ängste und das unsichere, einsame Kind in dir zu lieben und anzunehmen, weil du verstehst, was mit dir geschieht. So gelingt es dir, dem Schmerz zu entwachsen. Du erfährst Heilung, Veränderung und Erlösung, du transformierst den Schmerz in Licht und Liebe. So wird dich dein Schattenschmerz immer seltener an deine alten Verletzungen erinnern, und du bist imstande, in deiner Kraft und Weisheit zu bleiben.

Aufgabe:
Heute ist es deine Aufgabe, damit zu beginnen, deinen Schattenschmerz zu heilen. Das geschieht durch Bewusstwerdung, Wahrnehmung und Veränderung.
Sei von jetzt an gewahr, dass du jedes Mal, wenn du dich nicht gesehen fühlst oder verletzt bist, wenn du dich nicht zumuten willst oder andere und auch dich selbst abwertest, aus deiner wahren Größe in das verletzte kleine Ich gerutscht bist, das den Mangel beheben und den Schmerz in dir stillen will – es aber nicht kann. Es vermag deine Wunden nicht zu heilen, es hat nicht die notwendige Kraft.
Heilung erfährt dein Schattenschmerz nur dadurch, dass du dir seiner bewusst wirst – und zwar immer dann, wenn er im Alltag auftaucht. Entwickle eine Wahrnehmung dafür, und erkenne: »In diesem Moment bin ich wieder im verletzten Kind.« Es ist eine intensive Arbeit, die dir viel Selbstreflexion abverlangt. Wenn du merkst, dass du gerade wieder aus dem verletzten

kleinen Ich heraus gesprochen, gedacht oder agiert hast, versuche, es mit einem liebevollen Lächeln anzunehmen. Auch Humor verhilft dem Schattenschmerz ins Licht.
Heute hast du die Fähigkeit, den düsteren Seiten in dir zu entwachsen, indem du dein verletzliches inneres Kind an die Hand nimmst und es in dir in Sicherheit bringst, um dann wieder in dein kraftvolles großes Selbst zurückzukehren, das einzig in der Lage ist, deinen Schattenschmerz zu heilen. Das gilt auch für karmischen Schmerz. Er will gesehen und durch deinen Mut, zu vertrauen und zu lieben, erlöst werden. Sende deinem verletzten kleinen Ich die Energie deines Herzens, löse das düstere Gefühl in dir durch Liebe, Mut und Vertrauen auf, immer wieder, bis sich die Schattenkraft verliert und sich wie Nebel auflöst.

6.
Die Vergebung um des eigenen Selbst willen

Die weise Schamanin in dir weiß, dass Vergebung der erste Schritt in ein befreites Leben ist. Im Verzeihen steckt der Wille nach Veränderung. Sei wie ein Baum, der die morschen, alten Äste, die schwer auf ihm lasten, abwirft und die neuen, frischen Triebe dem Licht entgegenstreckt.

Vergebung und Dankbarkeit sind wichtige Begleiter auf deinem Seelenweg. Welche Menschen kommen dir in den Sinn, wenn du an Vergebung denkst? Du kannst bei deinen Eltern beginnen. Wenn dir das in diesem Moment noch zu schmerzhaft erscheint, beschäftige dich zunächst mit anderen Menschen und Situationen aus jüngerer Zeit. Taste dich an das befreiende Gefühl des Vergebens heran. Wenn du dich damit sicherer und vertrauter fühlst, wage es auch, die frühen schmerzlichen Wunden durch Vergebung zu transformieren. Wem musst und willst du vergeben? Wo ist eine Aussöhnung vonnöten?
Du machst dir selbst das größte Geschenk, wenn du die Dinge bereinigst, die zwischen dir und deiner Kernfamilie stehen. Es ist nie zu spät dafür. Du setzt damit Energien frei, die schon zu lange schwer auf dir lasten, die dich lähmen und dein Vorankommen behindern. Du hast ein Recht darauf, befreit zu sein. Doch du musst die Freiheit auch wollen und bereit sein, die dafür erforderlichen Schritte zu gehen. Der erste ist, bei dir selbst zu beginnen und loszulassen.

Welche Verletzung liegt deinem Schmerz zugrunde? Welche Wunde will durch Vergebung geheilt werden? Sie kann alt, sogar vergessen geglaubt oder lange verdrängt und tief in dir eingeschlossen sein. Vielleicht ist sie aber auch gerade erst durch ein schmerzhaftes Ereignis in jüngster Zeit entstanden. Musst du dir möglicherweise auch selbst etwas vergeben? Und bist du schon in der Lage dazu?

Es kann sein, dass es dir sehr schwerfällt, Vergebung auszusprechen, sie zu fühlen und wirken zu lassen. Nicht zu verzeihen, sondern nachtragend und verbissen zu sein, verdunkelt jedoch dein eigenes Licht. Es ist, als würde sich eine Kruste darum bilden, die dich immer mehr einengt und dich eines großen Teils deiner Lebenskraft beraubt. Hast du nicht schon lange genug gelitten? Der Moment ist gekommen, dich von dieser Schwere zu befreien.

Seelische Verletzungen wirken im Verborgenen, lange Zeit, vielleicht ein Leben lang. Mit der Kraft der Vergebung kannst du deinen alten Schmerz loslassen und ihn verabschieden. Das wird dir vielleicht nicht sofort gelingen, denn dieser Prozess braucht oft Zeit. Du befreist dich Schritt für Schritt von einer Bürde, die dich belastet und unfrei macht. Du löst die dunkle Energie von dir, die dich hindert, Leichtigkeit zu verspüren. Transformiere den Schmerz und die Verletzung durch Vergebung. So können Freude und neue Energie in dein Leben und deine Beziehungen einkehren.

Aufgabe:
Heute ist es deine Aufgabe, Vergebung wirken zu lassen. Wem musst du verzeihen? Wenn du darüber nachdenkst, wird sich bestimmt sofort jemand in dein Bewusstsein drängen. Bist du bereit, deine Verletzung in langsamen Schritten zu transformieren? Wenn du einmal damit begonnen hast, zu vergeben, werden dir mit der Zeit immer weitere Menschen und Situationen einfallen, auch längst vergessen und verarbeitet geglaubte Ereignisse. Dir selbst darfst du ebenfalls vergeben. Spüre in dich hinein. Welche Erinnerungen an Taten, Worte oder Gedanken, dir du dir selbst noch nicht vergeben hast, offenbaren sich dir?
Beginne den Prozess mit der bewussten Entscheidung, dich auf Vergebung einzulassen – um deiner selbst willen.
Der nächste Schritt ist die behutsame Wahrnehmung der schmerzhaften Situationen, der Menschen, die dich verletzt haben. Sei sorgsam mit dir, und schaue genau, was du dir in diesem Moment zumuten kannst. Manche Menschen hinterließen einst Schatten in deinem Licht, deiner Aura. Vielleicht ist es schon lange her, aber andere Menschen riefen den Schmerz wieder in dir wach. Es ist eine Erinnerung, ein Hinweis: »Sieh, dort ist verdrängter Schmerz, der noch geheilt werden muss.«
Dann erfolgt die Erkenntnis: Dieser Schmerz will von dir akzeptiert werden. Er ist da, gehört zu dir – und darf nun endlich gehen. Du kannst mit folgenden Sätzen je nach Situation arbeiten: »Es tut mir leid. Ich verzeihe dir. Möge die allumfassende Liebe die Situation jetzt für mich, für uns heilen. Ich liebe mich. Ich liebe dich. Danke.« Oder: »Es tut mir leid. Bitte verzeihe mir. Ich verzeihe mir. Möge Liebe die Situation jetzt heilen. Ich liebe dich. Ich liebe mich. Danke.«
Sprich die Worte laut oder in Gedanken, und versuche, sie im Herzen zu fühlen. Das wird dir vielleicht nicht gleich gelingen,

doch irgendwann spürst du, wie sich die düstere Energie von dir ablöst und du dich wieder leichter fühlst. Wenn die Verletzung zu schwer wiegt, als dass du dich in der Lage fühlst, die Worte auszusprechen, versuche es zunächst mit einer sanfteren Version: »Es tut mir leid. Ich vergebe um meiner selbst willen. Ich liebe mich und lasse die Liebe des großen Ganzen die Situation heilen. Danke.«

Schaue abschließend, ob du durch die Vergebung Frieden in dir findest und die Erinnerung an die Verletzung loslassen kannst. Damit ist nicht gemeint, dass du die Vergangenheit vergessen musst, aber sie sollte nicht länger Macht über dich haben, deine Lebensenergie zu blockieren. Besinne dich auf deinen Weg. Sieh deine Wünsche und Ideen, denen du dich schon immer widmen wolltest. Es ist neuer Raum entstanden – und du füllst ihn mit der Liebe zu dir und deinem Leben.

7.
Die Kraft des Körpers, das Licht der Aura

Die weise Schamanin in dir ruft dir zu: »Nur wenn du gut für dich sorgst, für deine Energie, für die dir innewohnende Kraft, kannst du auch gut für andere sorgen. Nur wenn du dich um deine eigene Heilung kümmerst, können die Menschen in deiner Nähe heil werden und es bleiben. Dein Körper ist der Tempel deiner Seele.«

Bist du dir deines Körpers bewusst? Damit ist nicht nur dein physischer, sondern vor allem auch dein feinstofflicher Körper gemeint, deine Aura, deren Licht und Energie dich umhüllen. Sie kann groß und dicht sein, doch in manchen Lebensphasen auch kleiner und durchlässiger.
Deine Gedanken und Gefühle, deine derzeitige Lebenssituation, Einflüsse von außen, deine Ernährung und dein Gesundheitszustand – all das wirkt sich auf deinen Energiekörper aus. Ist dieser geschwächt, spürst du das unmittelbar. Deine physischer Körper und deine Seele senden dir klare Warnsignale, indem du dich ausgelaugt fühlst, gereizt bist und nur noch deine Ruhe haben möchtest.
Achte darauf, dass du nicht über deine Kraftreserven hinausgehst. Wenn du spürst, dass es doch geschehen ist, sorge dafür, dass du deinen Energiekörper wieder im Strom der universellen Lebensenergie auflädst. Das geschieht durch Ruhe, Schlaf, Meditation, Yoga, Natur, frische Luft und das bewusste Aufnehmen von Energie durch Atmung und geistige Intention. In der schamanischen Heilarbeit weiß man, dass jede Krankheit

zunächst im geschwächten Energiefeld sicht- oder spürbar wird, bevor sie sich im physischen Körper manifestiert. Heilung muss deshalb immer auch auf der Ebene des Energiefeldes stattfinden. Mit diesem Wissen ist es einfacher für dich, ein Gespür für deinen Energiekörper und seine Botschaften zu entwickeln. Vertraue deiner Wahrnehmung, und sorge gut für dich. Meide die Dinge, die bewirken, dass du dich fremdbestimmt und innerlich leer fühlst. Sie schwächen deine Lebensenergie, weil deine Seele etwas anderes will. Lebst du stattdessen deine Leidenschaften, Gaben und Talente aus, wirst du eine unermüdliche Kraft in dir spüren und dich am Ende des Tages glücklich und erfüllt fühlen.

Aufgabe:

Heute ist es deine Aufgabe, ein besseres Bewusstsein für deine Aura zu entwickeln. Sorge genauso gut für deinen lichten Energiekörper, wie du es auch für deinen physischen Körper tust.

Suche dir einen schönen Platz draußen in der Natur, komme zur Ruhe, und schließe die Augen. Stelle dir vor, dass dich ein Lichtfeld umgibt. Kannst du es innerlich sehen? Spürst du es? Nimmst du es auch wahr, wenn du die Augen wieder öffnest? Wie weit reicht dieses Lichtfeld, deine Aura? Ein paar Meter? Bis zum nächsten Baum oder Strauch? Ist deine Aura durch und durch lichtvoll, oder zeigen sich irgendwo dunkle Stellen, denen du dich mit Licht und Liebe widmen solltest?

Spüre den Boden unter dir, und erlaube der kraftvollen Energie der Erde, deinen Körper zu erfüllen. Atme langsam und bewusst ein und aus. Stelle dir vor, wie du beim Einatmen Licht in deine Aura und deinen physischen Körper ziehst. Beim Ausatmen strömt das Licht wieder aus dir hinaus und nimmt dabei alles Schwere und Dunkle mit sich. Sieh vor deinem inneren

Auge, wie es sich im Wind verflüchtigt. Lasse das Licht und die Energie fließen, ohne sie festhalten zu wollen. Während des langsamen, bewussten und rhythmischen Atmens kannst du sitzen, stehen, dich bewegen oder wandern. Atme so lange Licht und Energie, bis du dich rundum wohlfühlst.

8.
Die Herde - wahrhaftig tragende Nähe und Schutz

Die Herde steht friedlich beisammen, Leib an Leib wie ein großes Ganzes, keiner ist allein. Die Jüngsten und Schwächsten sind in der Mitte – warm aufgehoben und eingebettet in Nähe und Schutz. Wolken ziehen heran, Wind kommt auf, doch er kann der Herde nichts anhaben. Stürme, Frost und Hunger, all das übersteht sie – gemeinsam und voller Vertrauen zueinander. Jeder hat seinen Platz. Auch du hast den deinen.

Welches Netz fängt dich auf, wenn du fällst? Wir alle straucheln irgendwann. Wann hat dir das Leben schon einmal Stolpersteine in den Weg gelegt, an deinen Grundfesten gerüttelt, deinen Glauben ins Wanken gebracht oder dein Vertrauen erschüttert? Wer war dann da und hat dich gehalten?
Beziehungen spiegeln dir alle Facetten deines Seins wider: deine großartigen Lichtanteile ebenso wie deine ungeliebte dunkle Seite. Die Art und Weise, wie du mit anderen verbunden bist und Gemeinschaft gestaltest, verrät dir mehr über dich selbst, als dir vielleicht lieb ist. Anhand deiner Beziehungen erkennst du, an welchem Punkt im Leben du gerade stehst, was du schon geschafft hast und wo du noch scheiterst. Sie zeigen dir, an welchen Lebensthemen du noch arbeiten solltest, wo du Mut brauchst, wo Offenheit oder Rücksichtnahme erforderlich ist und wo du elementare Gefühle bereits zulässt oder es noch lernen musst.

Auch in Bezug auf deinen schamanischen, spirituellen Seelenweg offenbaren dir deine Beziehungen, wie weit du bisher gekommen bist. Sei dir gewiss: Wenn du irgendwann glaubst, endlich einen Punkt in deiner Entwicklung erreicht zu haben, an dem du dich liebevoll, gütig, weise und mitfühlend oder gar über den Dingen stehend wähnst, dann – gerade dann – wird dir jemand begegnen, der dich so herausfordert, dass sich dir dein noch ungelöster Schattenschmerz deutlich zeigen wird.
Es ist eine wiederkehrende Aufgabe für dich, dir deine Beziehungen, einschließlich der zu dir selbst, anzuschauen und sie aufrichtig zu deuten. Ihre zunehmende Qualität geht Hand in Hand mit deiner stetig wachsenden Fähigkeit, dich mehr und mehr zu öffnen und mit all deinen Schwächen zu zeigen, in vorsichtigen Schritten Kontrolle loszulassen und stattdessen ins Vertrauen zu gehen und zu lieben.
Öffne bewusst dein Herz für andere Menschen, und wisse, dass du deinen Platz in der »Herde« an der Seite von anderen und auch von jemand Besonderem einnehmen darfst.

Aufgabe:
Heute ist es deine Aufgabe, dir die Zeit zu nehmen, deine »Herde« und deinen Platz in ihr zu betrachten. Mit welchen Menschen führst du innige Beziehungen? Wer sind deine engsten Vertrauten? Bei wem erlebst du Nähe, Geborgenheit, Sicherheit und Liebe? Sind deine Freundschaften, deine Familienbande und deine Partnerschaft verlässlich tragend, sodass du dich fallen lassen kannst? Traust du dich, deinen Platz in der »Herde«, an der Seite von anderen, einzunehmen? Und kannst du die Nähe zulassen und genießen?
Sorge gut für dich, und pflege deine Beziehungen. Es ist ein kostbarer Schatz, wenn du Menschen in deinem Leben hast,

die dich unterstützen und denen du dich auch schwach und bedürftig zeigen kannst. Wenn du weißt, dass du bei ihnen auch in abhängigen Lebensphasen sicher aufgehoben bist. Vielleicht erfordert es deinen ganzen Mut, dich in Beziehungen mehr zu öffnen und zu zeigen. Versuche, darauf zu vertrauen, dass die dir nahestehenden Menschen stark genug sind, dich aufzufangen und so anzunehmen, wie du bist.

Werde dir heute bewusst, wer die Menschen in deinem Leben sind, die deine »Herde« bilden. Jene, die ganz nah bei dir stehen, aber auch die, die trotz etwas mehr Abstands sehr wichtig für dich sind. Suche sie auf, gib ihnen etwas zurück, zeige ihnen deine Wertschätzung und Dankbarkeit – und genieße deine »Herde«. Wenn es etwas zwischen euch gibt, was der Klärung und Heilung bedarf, gehe es noch heute an.

9.
ICH BIN - die Essenz des eigenen Seins

»ICH BIN … Ich wanderte durch viele Leben, Zeiten, Dimensionen und bin doch dieselbe Essenz geblieben. ICH BIN … Werde ich mich erinnern in diesem Leben? An das, was ich war und was ich sein werde, in immer anderem Gewand, an anderem Ort? Meine Essenz ist, zu leben und zu lieben. ICH BIN … und werde es immer bleiben … das, was ICH BIN.« In dieser Wahrheit liegt deine Kraft.

Wer bist du? Was ist dein wahrer Kern? Wenn du dem nachspürst, wird dir allmählich bewusst, wie groß, wie großartig du wirklich bist. Du verfügst über so viele Facetten des Seins, und sie alle wollen ausgedrückt werden. Du kamst voller Wahrhaftigkeit und Authentizität auf diese Welt. Die größte Herausforderung im Laufe des Lebens ist es, dir beides zu bewahren. Wie oft hast du dich schon für andere verbogen oder dich verbiegen lassen? Du solltest diese oder jene Rolle erfüllen, so oder so sein, belastbar, freundlich, fürsorglich, für andere perfekt – und dafür deine eigenen Bedürfnisse, Wünsche und Ziele zurückstellen. Wann fing es an? Wann hast du gespürt, dass du dich für andere verändern musst, um in ihren Augen »richtig« zu sein?
Wer also bist du? Sei dir gewiss: Du bist der Mensch, der du bist, sein willst und sein sollst, wahrhaftig und authentisch. Lasse dir deine innere Wahrheit nicht länger absprechen. Folge ihr, und meistere so die Widerstände, die dir begegnen. Deine Kraft, die wahre Essenz deines Seins, ist immer da, in dir, und wartet darauf, dass du sie lebst.

Aufgabe:

Heute ist deine Aufgabe, dich in dein eigenes Licht zu stellen und die Kraft deiner Präsenz, des ICH BIN, zu erfahren. Und nicht nur heute solltest du das tun, sondern im Grunde jeden Tag. Machst du das zu deiner Gewohnheit, wirst du mit mehr Selbstbewusstsein durch das Leben gehen.

Begib dich nach draußen auf eine Wiese, in den Wald oder wohin du auch immer möchtest. Stelle dich mit beiden Füßen fest auf den Boden, und nimm eine aufrechte Körperhaltung ein. Nimm die Schultern leicht zurück, sodass sich dein Brustbein öffnet. Verbinde dich mit der Erdseele. Stelle dir dazu vor, wie sich deine Fußchakras an den Sohlen und dein Wurzelchakra, das Energiezentrum am unteren Ende der Wirbelsäule, öffnen und in die Erde eintauchen.

Richte dann deine Aufmerksamkeit auf dein Herz. Visualisiere, wie sich dein Herzchakra, das Energiezentrum in der Mitte der Brust, öffnet. Spüre seine Kraft.

Nun öffne in deiner Vorstellung deinen Kopf für das Licht des Himmels. Suche im Geiste deine Sonne, und stelle dir vor, wie sie auf dich herabstrahlt und deinen Körper und deine Aura umgibt. Du stehst nun in einer Säule aus Licht. Dein gesamtes Sein ist erfüllt von Licht. Spüre, wie deine Präsenz immer größer wird. Fühle, wie weit deine strahlende Aura reicht. Du stehst nun in deinem Licht. Rufe laut: »Das bin ich! Hier bin ich!«

Mache dir jeden Tag die Kraft deiner Präsenz bewusst, und bewahre dir das Wissen um dein Licht und deine Größe auch im Alltag. Mit der Zeit wird es dir auch in schwierigen Situationen gelingen, deine Präsenz zu spüren und voller Überzeugung zu sagen: »Das bin ich! Hier bin ich!«

10.
Die Gabe - Seelengeschenk einer höheren Quelle

Was ist deine Aufgabe in diesem Leben? Welche Gabe will gelebt werden? Die weise Schamanin in dir fordert dich heute dazu auf, deinem wahren Ich näherzukommen. Schaue in dich hinein, um dich daran zu erinnern, wer du wirklich bist und wie sich deine Seele in diesem Leben ausdrücken will.

Jede Seele hat ihre Gaben mit in dieses Leben gebracht. Eine Gabe ist eine besondere Kraft in dir, und sie will sich durch dich ausdrücken. Erinnere dich daran, was du schon immer tun wolltest oder vielleicht schon einmal für einige Zeit getan hast und dabei reine Glückseligkeit verspürt hast. Deine Gabe zum Ausdruck zu bringen, ist deine größte Sehnsucht, deine Idee vom Leben. Du findest darin deine Wahrhaftigkeit und die Erkenntnis über dich selbst: »Das bin ich!« Die Suche endet, du bist bei dir angekommen.

Deine Gabe ist ein Seelengeschenk. Sie kommt aus einer höheren Quelle. Verbunden mit der Kraft des Herzens führt sie zu etwas Großartigem und zutiefst Heilsamem. Wenn du deine Gabe erkannt hast, nutze sie, und du wirst dich glücklich und kraftvoll fühlen. Leiste den Dingen Widerstand, die dich daran hindern, dich ausbremsen und lähmen. Eine Gabe birgt auch immer eine Auf-Gabe in sich. Das bedeutet, sie will gelebt werden.

Vergegenwärtige dir deine Talente, Fähigkeiten und Leidenschaften, und achte auf Zeichen und Impulse von außen, die dich in die Richtung deiner Gabe lenken. Deine Gabe ruft dich.

Wenn du ihrem Ruf folgst, bist du selig und wirst stets von neuer Energie und Inspiration erfüllt sein. Selbst in Momenten, in denen alles schwierig und anstrengend erscheint, wirst du von ihr getragen.
Deine Gabe wurde dir bereits in die Wiege gelegt. Es kann jedoch sein, dass sie sich dir erst im Laufe des Lebens offenbart, manchmal erst im Alter, wenn genug Zeit und Muße da sind, um ihren Ruf zu vernehmen. Gib dich dem Fluss des Lebens hin, und sei offen für Zeichen, Wegweiser oder Visionen. Hast du bislang gezögert, deine Gabe anzuerkennen und zu leben, so ist es nun der Moment gekommen, nicht länger zu warten, sondern dein Licht erstrahlen zu lassen. Vertraue darauf: Deine Gabe ist dir gegeben.

Aufgabe:
Heute ist es deine Aufgabe, dich daran zu erinnern, was du mit in dieses Leben gebracht hast. Was war schon als Kind deine Vision vom Leben? Wobei, womit und an welchen Orten hast du dich am wohlsten gefühlt? Wer oder was wolltest du später einmal sein? Hattest du ein unerschütterliches Wissen in dir, das dich kein Mensch zuvor lehren musste?
Was davon hast du in dein Erwachsenenalter mitgenommen? Was konntest du dir bewahren, was leben? Welche Aufgabe gibt dir heute unendliche Energie und erfüllt dich mit Freude, auch wenn sie manchmal anstrengend sein kann? Worin findest du wahre Sinnhaftigkeit? Was sind deine Talente und Leidenschaften? Lebst du sie? Wenn du diese Fragen in dir bewegst, kannst du dann deine Gabe in alldem erkennen? Vielleicht sogar mehr als eine?
Unternimm eine kleine Wanderung durch die Natur und in Verbindung mit der Schöpfung. Wähle einen Weg, auf dem du

ungestört bist und in dir versunken einfach gehen kannst – Schritte zu dir selbst. Bitte deine Ahnen und Engel, dich zu begleiten und zu inspirieren, damit du eine Vision von deiner Gabe erhältst. Und dann schaue, und nimm dankbar an, was kommt.

Manchmal kommt die Erkenntnis als spontaner Gedanke, der sich immer mehr festsetzt und dich nicht mehr loslässt. Schreibe deine Gedanken und Ideen auf. Stelle dir vor, wie du die Gabe, die sich dir als Vision gezeigt hat, im Alltag auslebst. Wenn dich das mit Glück und Energie erfüllt, bist du auf dem richtigen Weg. Wenn dich Zweifel überkommen, ist es mehr eine Illusion als eine Offenbarung deiner Gabe.

Im nächsten Schritt kannst du dir vertraute Menschen fragen, worin sie deine Gabe sehen. Sprich mit ihnen über deine Gedanken und Visionen. Frage sie, wann du am authentischsten auf sie wirkst und in welchen Situationen sie dich in deiner ganzen Kraft wahrnehmen. Du wirst erstaunt sein, was sich dir dadurch offenbart.

11.
Die Transformation - Kraft der Wandlung

Bist du bereit, den schamanischen Tod zu sterben? So sinke in die kalte Erde, werde zu Erde – und dann erwache. Komme zurück wie ein Neugeborenes, und erkunde die Welt, das Leben von Neuem. Spüre die Luft auf deinem Gesicht, als wäre es das erste Mal. Nimm alles wahr, jeden einzelnen Grashalm, auf den du mit vorsichtigen ersten Schritten trittst. Dein Blick reicht weit, weiter als je zuvor. Friedvoll, aufgehoben und seelenruhig in dir könnte dich selbst die Entstehung eines Gebirges vor deinen Füßen nicht mehr erschüttern.

Transformation bedeutet Wandlung. Alles ist in stetiger Bewegung, schwingt und verändert sich, vergeht und wird neu geboren – wir alle, auch du. Im Laufe deines Lebens stirbst du viele Tode. Du reist in die dunkle Nacht deiner Seele, veränderst dich, entwickelst dich weiter und wirst in diesem Sinne neu geboren. Nichts steht still, das ist ein Gesetz der Schöpfung, dem du dich nicht entziehen kannst.
Dein Transformationsprozess kann anfangs eine große Herausforderung für dich darstellen, weil du etwas Gewohntes hinter dir lassen musst, Trennungsschmerz verspürst oder dich gegen die Veränderung wehrst. Doch wenn du den Mut aufbringst, loszulassen, und es dir gelingt, dich dem Leben und seinem Naturgesetz der Transformation hinzugeben, nehmen dein Bewusstsein und deine innere Stärke zu. Dein Blick auf die Dinge wandelt sich, und du erkennst, dass dieser Prozess am Ende Freude und Wachstum mit sich bringt.

Das Neue, die Veränderung, kommt mit aller Macht und stellt dich voller Ungeduld vor die Frage: »Bist du so weit? Bist du bereit, den schamanischen Tod zu sterben?« Das, was dich an deiner Entwicklung gehindert hat, will jetzt gehen, im Feuer deiner Seelenkraft transformiert werden. Sei bereit, und lasse es einfach geschehen – voller Vertrauen in das Leben und seine Prozesse.

Aufgabe:
Heute ist es deine Aufgabe, darüber nachzudenken und zu spüren, was in deinem Leben transformiert werden will. Bist du bereits mittendrin in einem Veränderungsprozess, oder stehst du noch am Anfang, blickst unsicher auf einen neuen Lebensabschnitt und zögerst, den ersten Schritt zu tun?
Transformation erfordert von dir, dass du Selbstverständliches infrage stellst. Wo ist Veränderung notwendig, damit du wachsen kannst? Wo löst sich Altes bereits langsam und vielleicht schmerzhaft ab, damit Neues entstehen kann? Was willst oder musst du los- und hinter dir lassen, um auf deinem Seelenweg weiterwandern zu können? Wenn sich dir dazu etwas offenbart, dann kannst du die Elemente bitten, dich bei deinem Prozess zu unterstützen.

Feuer: Das Feuer ist das Element der Wandlung, der Transformation. Schreibe auf einen Zettel, was du verabschieden willst. Banne es in Worten auf Papier. Dann entzünde an einem sicheren Ort ein Feuer, und übergib den Zettel den Flammen. Bitte das Feuer, das Alte zu löschen, und achte darauf, dass das beschriebene Papier vollständig verbrennt.

Erde und Steine: Du kannst dich auch von der Erdseele unterstützen lassen, indem du sie bittest, die Energie, die du verabschieden möchtest, aufzunehmen und zu transformieren. Stelle dich dazu barfuß auf die Erde, und lasse die Energie durch deine Füße abfließen. Auch Steine können Energie aufnehmen. Suche dir einen Naturstein, und bitte ihn um Hilfe. Nimm ihn in die Hände, und lasse die Energie, die dich blockiert, in den Stein hineinfließen. Dann bedanke dich bei ihm, und übergib ihn der Erde, dem Wasser, oder lege ihn ins Feuer.

Wasser: Das Wasser kann dir helfen, Altes loszulassen. Begib dich an ein Gewässer, ans Meer, an einen Fluss oder See, und bitte das Element Wasser, deine Aura zu reinigen und Belastendes fortzuspülen. Eine Dusche kann ebenfalls zu einem reinigenden Ritual werden. Stelle dir vor, wie das Wasser alles von dir ablöst, was dich blockiert. Du kannst dich auch in Gedanken unter eine Lichtdusche stellen und dich energetisch reinigen und befreien lassen.

Luft: Schreibe deine Wünsche der Veränderung auf ein Stück Stoff, und befestige es in luftiger Höhe, zum Beispiel am Ast eines Baumes. Ähnlich wie bei einer Gebetsfahne wird der Wind deine Wünsche forttragen, sodass sie im Energiefeld der Erde wirksam werden. Formuliere deine Worte immer positiv und liebevoll, damit sich das Gute manifestiert. Rufe deine Gebete, deine Mantras oder deine Affirmationen des Loslassens in den Himmel, die Wolken, die Nacht. Begrüße die Veränderung, das Neue, mit Hingabe an das Leben – dein Leben.

Denke immer daran, dich anschließend bei dem jeweiligen Element für seine Hilfe zu bedanken.

12.
Der Seelenweg - Reise in die eigene Größe und Kraft

Wir haben nie aufgehört, zu wissen, wer wir sind, wer wir einst waren und wer wir sein möchten – irgendwann. Doch auf dem Weg durch das Leben kommen wir uns manchmal selbst abhanden.

Der Seelenweg – Seele und Weg. Ein Weg kann schön oder kräftezehrend sein. Er kann sich dir verschlungen darstellen oder schnurgerade. Manchmal gehen wir Wege, die nirgendwo hinführen, sondern allenfalls im Kreis herum oder an Orte, zu denen wir zunächst gar nicht wollten. Es gibt jene, die von uns beschritten werden wollen, weil sie einfach nur schön sind und genossen werden wollen. Andere müssen begangen werden, weil sie wichtig für unser Wachsen und unsere Entwicklung sind. Wir wählen sie so, wie wir sie brauchen und bewältigen können. Doch nicht selten finden sie auch uns, offenbaren sich, drängen sich geradezu auf: »Sieh her! Komm! Hier entlang! Hier ist dein Weg!« Welchen Weg du auch gehst, es sollte immer der sein, den du wirklich gehen willst, denn er kann lang sein, und ihn zu gehen, ist bekanntermaßen das Ziel. In dieser alten Weisheit liegt eine tiefe Wahrheit. Das Schöne ist, dass es so viele Möglichkeiten gibt und du dich jederzeit für eine andere Richtung entscheiden kannst.
Wenn du an jeder Abzweigung, jeder Weggabelung, an jedem verwunschenen Pfad, der sich dir offenbart, deiner Seele lauschst und ihr folgst, fügen sich die Wege, die du im Laufe deines Lebens gehst, zu deinem Seelenweg zusammen. Deine

Seele kennt ihn. Wenn du ihr erlaubst, dich zu leiten, wirst du sicher, voller Vertrauen, Glück und Zufriedenheit durch dein Leben wandern.
Stille, Natur und ein offenes Herz ermöglichen es dir, in Kontakt mit deiner Seele zu treten und dich für ihre Botschaften zu öffnen. Vertraue ihrem Plan, mit dem sie auf die Erde kam, vertraue deinem Gefühl, vielmehr deinem Wissen, dass dieser oder jener Weg der richtige für dich ist und du ihn gehen musst und kannst. Im Grunde deines Herzens weißt du, was du willst und was gut für dich ist. Du kennst deinen Seelenweg. Lasse dich nicht in die Irre leiten, und vertraue auf deine Weisheit, auf die Stimme deiner Seele, und beschreite deinen Weg – auf dass du im Herzen glücklich bist.

Aufgabe:
Heute ist es deine Aufgabe, deiner Seele zu lauschen. Was willst du wirklich? Was ist dein Seelenweg? Wohin soll er dich weiterführen, und wie siehst du ihn vor dir? Ist er licht, breit und eben? Oder offenbart sich dir ein verschlungener, geheimnisvoller Pfad durch dunkles Dickicht, auf dem du nur langsam vorankommen wirst?
Schaue zurück, und betrachte den Weg, der dich bis hierher, zu dem Punkt, an dem du heute im Leben stehst, geführt hat. Erkenne all das Schöne und Wahrhaftige, das du bereits erleben durftest. Werde dir bewusst, welche Entscheidungen du aus Liebe und mit deiner Seelenkraft getroffen hast. Doch ebenso, wo du vielleicht den Bedürfnissen und Vorstellungen anderer mehr Aufmerksamkeit als dir selbst und deinen Wünschen gewidmet hast.
Öffne dein Herz, und entfache das Licht deiner Seele in der Mitte deiner Brust. Lasse es sich ausdehnen, bis es deinen ganzen

Körper und deine Aura erfüllt. Eine Essenz deiner Seele wohnt im Herzen des großen Ganzen und ist voller visionärer Weisheit. Stelle sie dir wie eine kleine Sonne hoch über deinem Kopf und weit außerhalb deines Körpers vor. Suche diesen strahlenden Teil deiner Seele, und verbinde dich mit ihm. Dann blicke auf deinen Seelenweg vor dir. Wie soll er aussehen und wohin dich führen, damit du ihn mit Freude und Kraft gehen kannst und willst?
Um dir deinen Weg besser zu vergegenwärtigen, gehe hinaus in die Natur. Suche dir einen schönen, stillen Pfad, ein weites Feld oder eine Wiese. Dann gehe ganz bewusst für jedes Jahr deines Lebens Schritte. Halte zwischendurch inne, spüre nach, und blicke zurück. Fühle die Ereignisse der Vergangenheit im Herzen. Schaue darauf zurück, was du schon alles geschafft hast, wo dir auf deinem Weg Schmerz begegnet ist und du ihn wieder verabschieden konntest. Sieh, wo du aus Liebe gehandelt hast, wo du Glück empfunden und dich innerlich reich gefühlt hast, wo du Wandel erfahren und gemeistert hast. Sei stolz auf dich. Liebe und wertschätze dich für jeden deiner Schritte. Und dann schaue nach vorn. Vor dir liegt noch Weg, und du darfst entscheiden, wie du ihn gehen und wo du deine Schritte setzen willst. Es ist dein Seelenweg.

13.
Glaube und Vertrauen - über jeden Zweifel erhabene Gipfel

Du stehst, die Füße in kalte Erde gegraben, verwurzelt mit Mutter Erde. Ihre Kraft bindet dich dort, wo du hingehörst, jetzt, in diesem Leben, und nährt dich mit Glauben und Vertrauen.

Schamaninnen und Schamanen finden ihren Glauben in der Natur, die sie umgibt. Sie glauben an die Erde, die sie nährt, an deren Seele. Sie glauben an die große Quelle, die alles erschaffen hat und die viele »Gott« nennen. Ihr Glaube an das große Ganze, ihre Verbindung zur Schöpfung und ihr Wissen um die verborgenen Dinge geben ihnen Vertrauen, Selbstvertrauen – Urvertrauen, fest und unerschütterlich. Er begleitet jeden ihrer Schritte durch das Leben.

Doch wir geraten manchmal ins Wanken und verlieren die Balance – durch Zweifel. Wie ist es bei dir? Vertraust du? Dir? Glaubst du? An dich? Und an das, was ist? An ein liebendes Bewusstsein, die Quelle des großen Ganzen?

Glaube und Zweifel, Vertrauen und Kontrolle – sie sind wie Pole, zwischen denen wir wie ein Pendel hin- und herschwingen. Unser Ziel sollte es sein, im Laufe unserer Entwicklung den Schwung herauszunehmen und anzukommen: im Urvertrauen und im festen Glauben an uns und unsere Kraft.

Urvertrauen bildet die unerschütterliche Grundfeste im Leben. Doch wie kannst du es entwickeln, wenn es dir in der Kindheit nicht mitgeben wurde? Die weise Schamanin in dir, deine Seele, ist reines Urvertrauen. Sie weiß, dass sie unsterblich ist und ihren festen Platz in der Schöpfung innehat. Sie weiß, dass sie ein Tropfen aus der großen göttlichen Urquelle ist. Sie weiß, dass sie bedingungslos geliebt wird und reine Liebe ist. Sie ist fest verbunden mit der Energie der Erde, der Welt der Spirits und dem großen Ganzen. Sie ist deine ureigene Kraft.

Deine Seele zweifelt nicht, sondern dein inneres Kind, dein verletztes kleines Ego in dir. Wenn es nicht das Glück erlebt hat, Urvertrauen entwickeln zu dürfen, wird es dich immer wieder in herausfordernden Situationen daran erinnern und deine Grundfesten ins Wanken bringen. Mangelndes Urvertrauen kann sich existenziell zerstörerisch anfühlen.

Begegne deinen Zweifeln mit all deinem Mut, deiner Liebe und deinem Willen, zu vertrauen. Sei fest entschlossen, an das Gute zu glauben und dich darauf zu fokussieren. Vertrauen ist Hingabe an das Leben, und Glaube ist das, was dir bleibt, wenn du sonst nichts mehr hast und dein Leben auf der Erde sich allmählich dem Ende zuneigt. Glaube und Vertrauen in dir bewirken, dass sich das Gute manifestiert. Zweifle nicht, sondern wisse, sei dir sicher, und vertraue, dass dein Spirit Berge versetzen kann.

Aufgabe:

Heute ist es deine Aufgabe, bewusst in Verbindung mit dir und der Schöpfung, mit allem, was ist, zu gehen. Lausche dem Urklang der Welt und dir selbst, und stärke dadurch dein Vertrauen in das große Ganze.

Suche dir einen Platz, an dem du ungestört bist, draußen oder drinnen, ganz wie du möchtest. Setze dich aufrecht hin, schließe die Augen, und komme zur Ruhe. Wenn du die Möglichkeit hast, deinen Blick auf etwas Ruhiges und Erhabenes wie den

Himmel, den Horizont, Berge oder Bäume zu richten, kannst du die Augen auch offen lassen.
Öffne deinen Geist, indem du dir ein Licht in deinem Kopf vorstellst, das sich immer weiter ausdehnt und dem Himmel entgegenstrebt. Öffne dein Herz, indem du deine Aufmerksamkeit auf dein Herzzentrum lenkst, lächelnd ein- und ausatmest und in Gedanken die Worte sprichst: »Ich öffne mein Herz für die bedingungslose Liebe, die Urkraft allen Seins.« Nimm wahr, wie sich dein Herzzentrum weit ausdehnt – und mit ihm deine Seele. Sei dir der Erdseele bewusst, und verbinde dich mit ihr. Dann verweile in der Stille, und lasse auch Stille in dir einkehren.
Richte deine Aufmerksamkeit auf deinen Körper und deine Umgebung. Lausche in der Erwartung, den Urklang der Erde und der Schöpfung wahrzunehmen. In diesem Moment stoppt dein Denken, weil du vollständig gegenwärtig bist.
Nun bist du verbunden mit allem, was ist. Frieden, Liebe und Stille erfüllen den Moment. Nimm es wahr, und genieße dein Sein. Sei offen für die Botschaften deiner Seele, deiner Ahnen, der Engel und der Erde. Du bist im Hier und Jetzt, in deiner eigenen Ursprünglichkeit. Die Erdseele unter dir, das göttliche, liebende Bewusstsein über dir, und du dazwischen – sicher gehalten. Verweile in diesem Bewusstsein, solange du willst. Dann lasse dich von diesem erhabenen Gefühl des Vertrauens und der Verbundenheit durch den Tag tragen.
Wenn in Zukunft Misstrauen oder Ängste ihre Schatten über dich werfen, gehe bewusst in die Verbindung und versuche so, dein Vertrauen in und deinen Glauben an dich und die Welt wiederzuerlangen.

14.
Die Heilung

Zu heilen, bedeutet vor allem eines: Liebe wirken zu lassen. Was auch immer deine Medizin ist, mit der du dir selbst und anderen hilfst, sie ist dann besonders wertvoll, wenn du sie mit Liebe verabreichst.

Der Weg der Heilung beginnt immer mit der Erkenntnis, dass Selbstheilung der erste Schritt ist. Erst wenn du heil bist, kannst du auch andere heilen.

Wir alle tragen Wunden in uns, auch du. Vielleicht sind sie schon alt, vernarbt und fast vergessen. Doch von Zeit zu Zeit geschieht etwas, was sie erneut aufbrechen lässt. Der alte Schmerz wird durch jemanden oder etwas wachgerufen, und du denkst: »Warum geschieht das jetzt? Die Wunde war doch längst verheilt.« Jeder Mensch, der dir nahekommt, kann deine Wunden wieder aufreißen lassen. Aber jeder Mensch, der dir nah sein darf, kann dir auch helfen, sie zu heilen.

Heilung bedeutet, Liebe wirken zu lassen. Wenn du wirklich heil werden willst, ignoriere deine Wunden und Narben nicht, sondern wende dich ihnen und damit dir selbst liebevoll zu. Spüre in dich hinein. Was wollen sie dir erzählen, weshalb bringen sie sich wieder in Erinnerung? Gehört der Schmerz ins Hier und Jetzt, oder rührt er aus der Vergangenheit und will endlich erlöst werden? Schenke deinen Wunden fürsorgliche Aufmerksamkeit und heilende Berührungen, sodass sich eine zarte, schützende Haut über ihnen bilden kann. Vielleicht können sie sich eines Tages sogar ganz schließen.

Krankheiten entstehen auf verschiedenen Ebenen, doch ebenso geschieht dort auch Heilung. Eine Krankheit hat uns immer etwas zu sagen, sie spiegelt uns etwas in unserem Leben wider. Frage nach dem Warum, und öffne dich für das, was in dir ist und sich ausdrücken will: lang verdrängte Gefühle, eine nicht gelebte Sehnsucht oder eine unterdrückte Gabe. Tauche ein in den Tempel deiner Seele, und lausche, was sie dir mitzuteilen hat. Heilung erfordert eine Veränderung deines Bewusstseins. Betrachte genauestens alle Bereiche deines Lebens, und spüre in dich hinein. Willst du etwas verändern oder dich von etwas befreien? Dann tue es. Es ist dein Leben. Schenke deiner Seele Gehör, und folge ihrer Intention. Heilung geschieht, indem du dein Leben so gestaltest, dass du heil werden und heil bleiben kannst. Es ist bedeutsam, dass du im Ausdruck deiner selbst Glück und Zufriedenheit erlebst.

Aufgabe:
Heute ist es deine Aufgabe, die ersten Schritte in die Heilung zu gehen. Die verschiedenen Ebenen der Heilung sind Geist, Seele, Gedanken, Körper sowie das Außen. Wisse aus tiefstem Herzen: Deine Heilung beginnt, indem du dein Bewusstsein auf diese Ebenen richtest und dein Leben im Sinne deiner Seele gestaltest.
Was willst du wirklich? Öffne dich für die Stimme deiner Seele. Was wünschst du dir in Bezug auf deine Beziehungen und den Ausdruck deiner selbst auf dieser Erde? Gibt es einen Ort der Heilung, an den du dich regelmäßig zurückziehen und wo du regenerieren kannst? Wenn du seelisch verletzt wurdest: Was gibt dir heute so viel Schutz und Sicherheit, dass sich über deinen Wunden eine zarte Haut bilden kann?
Wende dich dir selbst zu, und frage deinen Schmerz, warum er da ist. Welche Ursache liegt ihm zugrunde, und worauf will er dich vielleicht hinweisen? Dient er dir für etwas, und was wür-

de sich ändern, wenn er nicht mehr da wäre? Was würdest du dann tun, was wagen?
Beginne deine Selbstheilung, indem du in Resonanz mit der allumfassenden göttlichen Heilkraft und mit bedingungsloser Liebe gehst. Stimme dich mit einem Gebet oder einer Meditation auf deine Heilung ein, und nimm dabei heilsame Energie über deinen Atem in dich auf. Öffne dein Herz, und versuche, die Energie der Liebe in dir zu aktivieren. Verweilst du regelmäßig einige Zeit in Resonanz mit Liebe und Heilkraft, veränderst du heilsam die Schwingung in deinen Zellen.
Die göttliche Energie des großen Ganzen und das eigene Herz ermöglichen Heilung auf allen Ebenen. Wenn du dich für dich selbst und andere auf den Weg der Heilung begibst, dann bleibe in tiefer Verbindung mit diesen beiden tragenden Kräften. Erinnere dich immer an das, was dich ausmacht, was deine Seele zum Schwingen bringt und wobei du tiefes Glück empfindest. Das ist dein Paradies, in dem du heil werden kannst. Kreiere es dir, und verweile darin, sooft du kannst. Du hast es dir verdient.

15.
Das Fundament der Seele und des Glücks

Die alte Schamanin schließt die Augen und atmet mehrmals tief ein und aus. Dann blickt sie dich an, lächelt und spricht zu dir: »Pferde haben vier Beine. Deswegen fallen sie nicht um. Sie stehen kraftvoll und gut geerdet. Menschen haben nur zwei Beine, doch wenn du deine Entwicklung weiterführen willst, dann brauchst du ein festes Fundament, das aus vier Säulen besteht.«

Dein gesamtes lichtvolles Sein ruht auf vier Säulen, die das Fundament deiner Seele auf der Erde bilden. Sind sie stabil und tragend, sorgen sie für das Gleichgewicht deines spirituellen Bewusstseins und die Entfaltung deiner Kraft. Sie zeigen dir an, wo du gerade stehst und inwieweit du dein Leben wahrhaftig und im Einklang mit dir selbst führst. Durch die Betrachtung deines Seelenfundaments kommst du ins Zwiegespräch mit dir selbst, mit der weisen Stimme in deinem Herzen und in deinem Geist. Es ist eine große Aufgabe, diese vier Säulen so zu gestalten, dass sie zu einer wahrhaftig tragenden Grundfeste deines Lebens werden und es bleiben.

Die erste Säule ist die Verbindung zu deinem Körper – dem physischen sowie dem energetischen. Sorge dafür, dass es beiden gut geht, nähre und umsorge sie, sodass sie vital und kraftvoll sind.

Die zweite Säule sind deine Beziehungen – zu dir selbst und zu anderen. Liebst du dich? Liebst du andere? In der authenti-

schen und ehrlichen Verbindung zu anderen Menschen offenbart sich dein Entwicklungsstand, sie sind dein Spiegel.
Die dritte Säule ist dein Ausdruck. Hier geht es darum, wie du dein wahres Ich auf dieser Erde auslebst. Wie bereicherst du die Welt? Wie und wo nutzt du deine ganz besondere Gabe, deine Talente und Fähigkeiten, um dir selbst und anderen etwas zu geben?
Die vierte Säule ist deine gelebte Spiritualität, deine Verbindung zur Schöpfung, zur Natur und ihren beseelten, heiligen Elementen Luft, Feuer, Wasser, Erde, aus denen die Welt besteht.
Wenn du heil werden und dich ganz fühlen möchtest, wenn du dein spirituelles Bewusstsein in seiner ganzen Kraft entfalten und deinen Seelenweg unbeirrt gehen willst, ist die Qualität dieser vier Säulen entscheidend. Sie tragen dich, indem sie zusammenwirken, ineinanderfließen, sich überschneiden, eng verwoben und miteinander verbunden sind.

Aufgabe:
Heute ist es deine Aufgabe, die vier Säulen deines Lebens ehrlich zu betrachten.
Wie ist dein Verhältnis zu deinem Körper? Ist dir bewusst, dass du nicht nur einen physischen, sondern auch einen energetischen Körper hast und dass du beide nähren und umsorgen musst, um kraftvoll durch dein Leben gehen zu können?
Wie steht es um die Qualität deiner Beziehungen? Mit welchen Menschen fühlst du dich innig verbunden? Wer ist dir nah? Bei wem kannst du vollkommen und einfach du selbst sein? Bist du in der Lage, anderen dein Herz zu öffnen und für sie Liebe und Mitgefühl zu verspüren?

Lebst du den Ausdruck deiner Seele, deiner geistigen und seelischen Kraft? Und wodurch tust du das?
Fühlst du dich mit der Schöpfung, der Natur und ihren Elementen tief verbunden? Lebst du deine Spiritualität aus?
Wenn du am Ende dieses Tages weißt, dass du wie ein Pferd kraftvoll und gut geerdet im Leben stehst, kannst du zurecht sehr stolz auf dich sein, da du eine große Herausforderung gemeistert hast. Wenn dem noch nicht so ist, schaue, welche Säulen deine Aufmerksamkeit benötigen. Wo sind Veränderung, Mut und Entschlossenheit vonnöten, damit dein gesamtes lichtvolles Sein sicher getragen wird? Richte deinen Blick immer wieder auf das Fundament deiner Seele, denn es ist auch das Fundament deines Glücks.

16.
Die Erdseele - im Herzen der großen Mutter

»Ich spüre jedes einzelne Herz, das auf und in mir schlägt. Ich spüre sein beginnendes Leben und sein Sterben. Ich bin Gaia, Mutter Erde, ich bin es, die alle Wesen erschafft, nährt und am Ende ihres Lebens wieder in sich aufnimmt.«

Die Erde hat ein Bewusstsein, eine Seele, und auch du trägst eine Essenz der Erdseele in dir. Du kannst ihr zuhören, ihren Botschaften lauschen und sie um Eingebungen bitten. Schamaninnen und Schamanen erhalten einen Großteil ihres Wissen von der Erdseele: ihre Kenntnisse über die Heilkraft der Kräuter und Steine sowie das Wesen des Feuers, über die Stürme, die kommen werden, und den Regen, der ausbleiben wird, über das, was am Anfang der Erde war und was einmal sein wird, wenn sich alles dem Ende zuneigt.
Die Erde hat uns geboren, und sie wird unsere Körper wieder aufnehmen, bis wir nichts mehr sind als Staub, der verweht. In der Aura der Erde ist alles gespeichert, was je war und sein wird. Du kannst dich mit der Erdseele, ihrem Bewusstsein, verbinden und dadurch in deinem eigenen Wissen reifen. Du kannst die Erde feinfühlig erspüren und dadurch ihre Orte der Kraft finden, aber auch ihre Verwundung an manchen Plätzen wahrnehmen. Du selbst bist Erde. Du nährst dich aus ihr, stärkst dein Energiefeld mit ihrer Energie. Die Erde ist die Heimat deines körperlichen Seins. Kappst du die Verbindung zu ihr, trennst du dich unweigerlich auch von ihren elementaren Kräften ab.

Die Verbindung zur Erde ist wie ein Anker im Sturm des Lebens. Sie trägt dich in ihrem großen Herzen, und wenn du es zulässt, öffnet sie auch dein Herz und unterstützt deine Heilung. Ihr Bewusstsein, ihr Geist, ruht in allem Lebenden – auch in dir.

Aufgabe:

Heute ist es deine Aufgabe, dich wieder mit der Erdseele, dem Bewusstsein der Erde, und ihrer Kraft zu verbinden. Dabei unterstützt dich das folgende Ritual. Du kannst es im Sitzen, Stehen oder beim langsamen, meditativen Gehen durchführen.

Gehe in die Stille, und tauche für einen Moment mit deinem Bewusstsein in das rote Herz der Erde ein. Dann öffne dein Herz, indem du deine Aufmerksamkeit auf dein Herzzentrum richtest und fühlst, wie es sich sanft ausdehnt. Atme lächelnd ein und aus. Wenn du auf diese Weise still und verbunden bist, sprich folgenden Satz: »Erdseele, ich trage dich in meinem Herzen, denn ich weiß, du trägst mich in deinem.«

Lasse dich von den Worten tief berühren. Nimm die unendliche Liebe und die Kraft wahr, die in dich einfließen. Fühle die Erdseele in deinem Herzen. Nun lasse das strahlend rote Licht der Erde durch deine Fußsohlen und Beine in deinen Körper und deine Aura aufsteigen. Du bist jetzt mit der Erdseele verbunden – doch nicht nur mit ihr, sondern mit allem, was auf und in ihr wächst und lebt, mit jedem Menschen, jedem Tier, jeder Pflanze.

Die Erde sendet durch eine bestimmte Schwingungsfrequenz unentwegt Heilimpulse in ihr Energiefeld. Dadurch, dass du nun mit der Erdseele in Resonanz bist, empfängst du auch ihre Heilenergie.

17.
Die Entscheidung für das Seelenglück

Du entscheidest über jeden Schritt, den du gehst. Aber wähle weise, damit dir die Füße nicht schwer werden.

Eine Entscheidung, die aus dem Herzen heraus getroffen wird, ist eine wirklich tragende, denn du kannst dir sicher sein, dass sie im Sinne deiner Seele wirkt.
Bewege deine Absichten und Intentionen im Herzen. Fühlst du dort ein klares Ja, dann folge mutig deiner Erkenntnis, und gehe los. So entscheidest du dich für dein Glück, für deinen Weg – mit der Weisheit deiner Seele, der inneren Schamanin in dir.
Jedem deiner Schritte geht immer eine Entscheidung voraus. Wer du heute bist, wohin dein Weg dich führt und ob du das Feuer in deinem Herzen entfachst – es ist deine Entscheidung. Ob du glaubst oder vergibst, ob du deiner Seelenkraft Ausdruck verleihst und selbstbestimmt dein Leben lebst – auch hier hast du die Wahl. Ob du dein Bewusstsein veränderst und dir Wege der Heilung suchst, ob du gut für dich sorgst und dich an einem sicheren Ort niederlässt, ein Paradies kreierst und tiefgehende Beziehungen lebst – all das entscheidest du für dich.
Wir haben so viel Angst vor unserer eigenen Größe, unserem Licht und Potenzial, dass wir uns manchmal dagegen entscheiden – gegen uns selbst. Das ist deine Transformation, es ist dein Weg. Wenn du den Mut aufbringst, ihn zu gehen, wird er dich mit Freude erfüllen, und du beginnst, dich endlich wieder

zu erinnern: an dich selbst, dein wahres Sein. Die weise Schamanin in dir, deine Seelenkraft, führt dich sicher bei all deinen Schritten und Entscheidungen.

Aufgabe:
Heute ist es deine Aufgabe, zu verinnerlichen, dass du dein Leben durch deine Entscheidungen gestaltest. Jeden Tag aufs Neue, jeden Moment und in jeder noch so nebensächlich erscheinenden Situation entscheidest du, wer und wie du bist. Du wählst, welche Gedanken dein Sein und dein Fühlen bestimmen, welche Worte du sprichst, wie du handelst und ob du mit jedem Atemzug achtsam und ganz im Hier und Jetzt bist.

Entfalte die Kraft deiner inneren Schamanin, indem du dich entscheidest, …
… dein Herz zu öffnen,
… dich mit der Erde zu verbinden,
… deiner Seelenkraft Ausdruck zu verleihen,
… deine Spiritualität zu leben,
… wahrhaftige Beziehungen einzugehen,
… zu reifen und ein besserer Mensch zu werden.

Entscheide dich jeden Tag und jeden Moment aufs Neue, ein Leben zu führen, das deines ist und in dem du sicher weißt, dass du deiner Seele folgst.

Die Helferkarten

Achtsamkeit

In der Achtsamkeit hörst du deine Seele,
spürst dein eigenes So-Sein mit einem Ja zum Leben.

Du verschwendest keine Zeit, wenn du achtsam bist und dich nur einer Sache widmest. Aber du vergeudest Lebensenergie, wenn du mehrere Dinge gleichzeitig tust, anstatt achtsam zu sein. Halte inne, lasse alle Gedanken los, und öffne dich für die Stille. Spüre, lausche, lächle und atme. Einfach sein – ein Gefühl nahe der Erleuchtung.

In der Achtsamkeit verbergen sich Frieden und Kraft. Dort hörst du deiner Seele zu, und dir offenbart sich die ganze Schönheit des Hier und Jetzt. Die Vergangenheit ist gewesen, und die Zukunft ist noch nicht präsent. Deine Gedanken kreisen nicht um das Gestern oder Morgen, sondern du gibst dich mit all deinen Sinnen dem Moment hin, deinem Tun oder auch Nicht-Tun. Achtsamkeit ist das heilsame Annehmen der jetzigen Situation und deines So-Seins. Versuche von nun an, dich dir und anderen achtsam zuzuwenden. Verweile immer wieder für einige Atemzüge im achtsamen Gewahrsein, und schenke dir dadurch Heilung.

Ahnen

Jene, die vor dir waren, stehen an deiner Seite und bedeuten dir:
»Dort ist deine Kraft, deine Gabe, und dort ist noch Heilung erforderlich.«

Deine Ahnen begleiten dich. Nach schamanischem Wissen sind sie deine Helfer und Verbündeten aus der Welt der Spirits.

Es sind auch jene Angehörige deiner Ahnenlinie, die dir beistehen wollen, längst vergangene Konflikte und ererbte Traumen, die dich unbewusst belasten, zu heilen. Dann bist du endlich frei – und mit dir alle Generationen, die vor dir waren, und alle, die nach dir kommen werden.
Durch diese Botschaft signalisieren dir deine Ahnen, dass sie heute von dir gehört werden möchten. Verbinde dich mit ihnen. Vielleicht wollen sie dich darauf hinweisen, dass ein Thema von dir angeschaut und erlöst werden muss, damit Heilung geschehen und Liebe wieder fließen kann. Vielleicht wollen sie dir aber auch zur Seite stehen und dich ermutigen, deine Kraft, deine Gabe, zum Wohle aller zu leben.

Bewusstheit

Kreiere dein Leben bewusst, sodass du deinem eigenen Anspruch nach Aufrichtigkeit, Liebe und Authentizität genügst. Dadurch erlangst du die Meisterschaft auf deinem Weg.

Bewusstheit im spirituellen Sinne bedeutet, dass du mit deinem Gewahrsein ganz im Hier und Jetzt bist. Du bist dir deines wahren Selbst bewusst. Doch es meint ebenso, dass du in Alltagssituationen gewahr bist, was du denkst, sagst, fühlst, tust und willst – und das stets begleitet von den Fragen, die dir den Spiegel vorhalten: »Entspricht es meiner inneren Haltung und Lebensphilosophie? Ist es im Sinne meiner Würde und meiner spirituellen Entwicklung?«
Du selbst verantwortest, wie du bist, wie du sein willst und welche Energien und Emotionen dich erfüllen. Kreiere dein Leben in Bewusstheit, und hinterfrage und reflektiere beständig, ob

du dir selbst und den Ansprüchen deiner Seele Genüge tust. So beschreitest du den Weg zu deiner eigenen Meisterschaft.

Danke

Öffne deine Augen für das Schöne und Wahrhaftige in deinem Leben, und danke von Herzen.

Das Wort »Danke« hat eine sehr hohe Schwingung. Es ist das kürzeste Gebet und dennoch eines der wirkungsvollsten. Dankbarkeitsrituale sind ein fester und essenzieller Bestandteil der spirituellen Praxis. Integriere sie in dein Leben, und sage täglich Danke. Dadurch wird sich die kraftvolle Schwingung dieses Wortes in der Energie des Kosmos manifestieren.
Es ist so viel Reichtum in dir, und Wunderbares ist allgegenwärtig. Nimmst du das wahr? Das große Ganze hält dich in Liebe, und du hast die Möglichkeit, vieles zu bewirken und in jedem Moment ein bisschen mehr Glück für dich zu kreieren. Du bist da, inmitten dieser Welt. Öffne deine Augen für die Fülle und die Chancen in deinem Leben, und danke von Herzen dafür.

Ehrlichkeit

Nur du kannst dein Leben in aller Ehrlichkeit ergründen, es mit der Weisheit deines Herzens betrachten und es letztlich gestalten.

Niemand anderes kann dir sagen, was du tun musst, um ein glückliches Leben im Sinne deiner Seelenkraft zu führen. Du selbst weißt es am besten. Nur du kannst es in der Tiefe er-

gründen und letztlich gestalten. Dafür braucht es zunächst vollkommene Ehrlichkeit dir selbst gegenüber.
Der nächste Schritt besteht darin, ehrlich zu deinen Liebsten und Nächsten zu sein, denn nur so haben sie eine Chance, deinen Wandel und deine Entscheidungen zu verstehen. Das kann dazu führen, dass sich eure Wege trennen, weil du dich weiterentwickelst und damit dem Alten entwächst. Doch ebenso ist es möglich, dass es eurer Miteinander bereichert und du Unterstützung und Verständnis auf deinem Weg erfährst.

Freiheit

Freiheit ist die Kraft in dir, zu sein, wer du wirklich bist, unabhängig von dem, was das Außen dir abverlangt.

Freiheit ist eine Kraft in dir. Sie ist deine ungezähmte, sorglose, wilde Lebenskraft. Unabhängig von äußeren Gegebenheiten ist sie immer in dir vorhanden – und will gelebt werden.
Freiheit bedeutet Selbstbestimmung. Du bist frei, zu lieben, gleich, ob dein Gegenüber deine Liebe erwidert oder nicht. Du bist frei, zu gehen, wenn du gehen willst, oder zu bleiben, wenn du bleiben möchtest. Du hast die Freiheit, dich zu verändern, auch wenn es anderen nicht gefällt. Du kannst frei entscheiden, wie du dein Leben lebst. Dir steht es frei, deinen eigenen Glauben zu leben und mit allem, was ist, in die Verbundenheit zu gehen. Freiheit ist die Kraft in dir, zu sein, wer du wirklich bist. Nichts und niemand kann dich daran hindern. Das ist wahre Freiheit. Lebe sie!

Geduld

Bleibe geduldig, und vertraue darauf, dass das große Ganze es für dich im Sinne deiner Seele auf den Weg bringen wird.

Geduldig im spirituellen Sinne zu sein, bedeutet, das Wissen und das Vertrauen zu haben, dass sich alles für dich zur richtigen Zeit und entsprechend deiner göttlichen Führung ergeben wird. Das große Ganze wird es im Sinne deiner Seele auf den Weg bringen.

Ob du darauf wartest, dass sich dein lang gehegter Wunsch erfüllt, sich dir endlich die erhofften Zeichen für deinen weiteren Weg offenbaren oder du die Ernte deiner harten Arbeit einbringen kannst – all deine Sehnsüchte werden gestillt werden, wenn die Zeit reif dafür ist. Manchmal muss die kosmische Kraft erst auf einer höheren Ebene die Dinge verändern. Bis dahin ist die Geduld deine treue Begleiterin und flüstert dir ins Ohr: »Nicht aufgeben! Habe Vertrauen in das große Ganze, das für dich wirkt. Das, was du dir ersehnst, wird bald kommen.«

Gelassenheit

Gelassenheit ist eine unerschütterliche Kraft im Tosen der Welt. In der Ruhe des Geistes siehst du die Dinge kommen und gehen.

Im Zustand der Gelassenheit siehst du die Stürme heranziehen, begegnest dem Tosen der Welt, dem Auf und Ab des Lebens, während dich nichts aus deiner Mitte herausbringen kann. Gelassenheit ist eine große Kraft. Wenn du sie in dir erweckst, führt sie dich zu innerem Frieden und zur Ausgegli-

chenheit der Energien in dir. Durch sie kannst du die Welt entspannt und mit einem liebevollen Blick betrachten, weil du in dir selbst ruhst. Kaum etwas vermag dich zu erschüttern oder aus der Fassung zu bringen.
Besinnst du dich auf die Kraft der Gelassenheit in dir, bist du ein Ruhepol, der die Menschen um dich herum anzieht. Für sie bist du wie ein sicherer Anker in den Stürmen der Welt. In deiner Nähe fühlen sie sich einfach wohl und angenehm behütet.

Glück

Das Glück, das du dir selbst täglich kreierst, wird zu einem bleibenden sonnigen Weg, der die dunklen Pfade in dir überstrahlt.

Das Glück ist wie eine Sonne in deinem Herzen, die du durch dein Lächeln erstrahlen lässt. Jedes Lächeln schenkt dir einen Moment des Glücks, und jedes Glücksgefühl erweckt dein Lachen. Glück ist ein Weg, für den du dich entscheiden kannst – mit deinem Lächeln. Du beschreitest ihn, indem du das Glück um dich herum erkennst und dir jeden Tag selbst Glücksmomente kreierst. So wird er lichter und breiter. Er wird zu einem bleibenden sonnigen Weg in deinem Spirit, der die Schatten und alles Dunkle in dir erhellt.
Nähre dein Glück, indem du deinen Blick, dein Tun und Schaffen lächelnd auf die Dinge ausrichtest, die dich beseelen. Entfache das Feuer der Freude in dir, und lasse deine Sonne im Herzen leuchten, auf dass sich dein Licht auch auf andere überträgt.

Herz

Die Energie deines Herzens kann dich und andere heilen.
Öffne dein Herz dem Leben, der Liebe – und du bist.

Werde der heilsamen Kraft deines Herzens gewahr. Wenn du dein Herzchakra öffnest, transformierst du die Schatten deiner verletzten Seele, sodass dein Licht endlich wieder erstrahlen kann.
Richte deine Aufmerksamkeit auf die Mitte deiner Brust, und spüre Liebe. Intensiviere dieses Gefühl, indem du Liebe einatmest. Lasse sie beim Ausatmen fließen – von deinem Herzen hin zu allem, was der Heilung bedarf. Nimmst du dir täglich Zeit, ein Schwingungsfeld der Liebe in deinem Herzchakra aufzubauen, kann es seine ganze Kraft entfalten, und du wirst deiner wahren Größe gewahr. Sende Herzenergie verbunden mit deiner Intention, dich selbst oder andere zu heilen, und initiiere so tiefgehende Prozesse – von Herz zu Herz.

Hilfe

Wenn du heute die Hilfe eines guten Menschen annimmst,
hast du schon morgen die Kraft, wieder selbst zu helfen.
So schließt sich der Kreis.

Wer sich Unterstützung holt, handelt weise und verantwortungsvoll. Hilfe anzunehmen, hat auch mit Vertrauen zu tun. Wem vertraust du? Bei wem fühlst du dich wohl und gut aufgehoben? Ohne Beistand hättest du nicht zu dem Menschen werden können, der du jetzt bist. Wenn du heute die Hilfe eines

guten Menschen benötigst und dich traust, sie auch anzunehmen, hast du schon morgen wieder die Kraft, anderen deine helfenden Hände zu reichen. Durch das Geben und Nehmen schließt sich der Kreis.
Habe keine Angst davor, Hilfe anzunehmen, sondern denke daran, wie viel Freude es dir bereitet, jemandem eine Stütze zu sein. Gib anderen die Chance, es zu erleben, schenke ihnen dein Vertrauen, und lasse dir von ihnen helfen.

Intuition

Vertraue deiner Intuition, denn sie entspringt der Weisheit deines Herzens.

Deine Intuition ist ein wertvoller Schatz, denn sie offenbart dir dein unmittelbares Wissen. Sie entspringt deinem Herzen – und wem könntest du mehr vertrauen als ihm? Sie ist im Bruchteil einer Sekunde präsent, noch ehe dein Verstand beginnt, die Dinge zu bewerten und zu hinterfragen. Eine intuitive Eingebung zu einem Thema in deinem Leben ist daher von großer Bedeutung.
Gib deiner Intuition den Raum, sich dir zu zeigen. Sie ist die leise Stimme in dir, die allzu schnell von deinem stets präsenten und kritisch abwägenden Verstand übertönt wird. Weder im Denken noch im Getöse deiner Gedankenflut wirst du sie vernehmen. Nur in der Stille, in Momenten der Achtsamkeit, wird das Wissen deiner Intuition in dir aufleuchten.

Körperweisheit

Lerne, die Botschaften deines Körpers zu deuten, und wertschätze ihn als das fein gestimmte Instrument deiner Seele.

Dein Körper spiegelt dir wider, was um dich herum geschieht und womit du in Resonanz gehst. Er erinnert dich an all das, was du jemals erlebt hast. Manchmal spürst du das in feinsten Nuancen, manchmal sehr deutlich. Deine Körperweisheit sagt dir, wann es Zeit für Regeneration und Ruhe ist. Sie lenkt dein Bewusstsein auf vergangene Wunden, die noch immer der Heilung bedürfen, sie kann dich warnen und dadurch vor unguten Erlebnissen schützen.
Nimm wahr, was dein Körper dir über dich selbst und andere Menschen, Situationen oder auch Orte verrät. Vertraue ihm, und nimm seine Botschaften ernst. Er ist mit deiner Seele verbunden und dient ihr als fein gestimmtes Instrument. Lerne, ihre Signale als Botschaften deines Körper zu deuten. Denn deine Seele erlebt sich durch deinen Körper. Deine Sinne und deine Sinnlichkeit sind ein Geschenk, durch das du das Leben erfahren und genießen kannst. Nimm es an, und nutze es!

Liebe

Du wirst geliebt, du liebst und kannst mit Liebe auf dieser Erde wirksam werden.

Die bedingungslose Liebe ist die Urkraft allen Seins. Sie kann heilen, schützen und verloren gegangenes Vertrauen wiederherstellen. Sie ist immer da, allgegenwärtig, und wirkt zu jeder

Zeit. Die bedingungslose Liebe kommt aus dem Herzen der Schöpfung und versucht unaufhörlich, dein Herz zu erreichen und zu erfüllen. Du kannst sie in jedem Moment wahrnehmen, dich von ihr erfüllen und tragen lassen, indem du mit ihr in Resonanz gehst und dein Herz öffnest.
Erkenne, dass die Liebe die größte Kraft im Universum ist, die durch dich wirksam werden will. Ihre Botschaft an dich lautet: »Heile durch Liebe, und lebe die Liebe, die du selbst bist.«

Loslassen

Loslassen erfordert von dir einen mutigen ersten Schritt,
doch schon mit dem nächsten folgt Leichtigkeit.

Manchmal musst du erst loslassen, um weitergehen zu können: einen Gedanken, ein Gefühl, eine Absicht, einen Wunsch, einen Ort, einen Menschen. Manchmal tut es weh und fällt dir schwer. Doch ein anderes Mal erlebst du, dass das Loslassen dich erleichtert und mit neuer Kraft und Zuversicht erfüllt.
So unterschiedlich die Dinge, die du loslassen musst, auch sind, ihnen ist doch eines gemein: die Bindung an sie. Sie kann schon lange bestehen, sehr wertvoll und wichtig für dich sein. Doch sie kann dich ebenso wie eine Fessel zurückhalten und in deiner Beweglichkeit einschränken. Es erfordert eine mutige Entscheidung von dir: Loslassen. Doch hast du sie erst einmal getroffen, folgt ihr die Leichtigkeit. Du fühlst dich befreit und kannst das Neue in dein Leben und in dein Herz einladen.

Mut

Mutig ist es, mit den Füßen fest auf dem Boden zu stehen und laut zu rufen: »Hier bin ich!«

Du brauchst Mut, um dich für das Leben mit all seinen Facetten zu öffnen. Mutig zu sein, bedeutet, beherzt ein Wagnis einzugehen. Wie das genau aussieht, ist dir ureigen und entspricht dem, was dich in deinem Alltag herausfordert und wo du deiner Angst entwachsen willst.
Mutig ist, wenn du sagst, was du denkst und fühlst, deine eigenen Grenzen behauptest und nicht zulässt, dass ein anderer sie überschreitet. Du brauchst Mut, um dich bewusst für deinen eigenen Lebensentwurf zu entscheiden und deine Lebendigkeit zum Ausdruck zu bringen. Es ist ein Wagnis, wenn du dich deinem inneren Wolf stellst und deinen Ängsten mit all deiner Entschlossenheit begegnest. Sei dir deiner Beherztheit bewusst, und traue dich, mit beiden Füßen fest auf dem Boden zu stehen und laut zu rufen: »Hier bin ich!«

Neuanfang

Schaue auf die noch unbeschriebenen, reinen Seiten deines Lebensbuches, auf den Raum, der sich vor dir eröffnet und gefüllt werden will.

Öffne das Buch deines Lebens, und sieh die reinen, weißen Seiten. Sie wollen beschrieben werden: mit neuen Erfahrungen, mit Momenten des Glücks und der Liebe, mit deinem inneren Reichtum und deiner steten Entwicklung. Vielleicht ist es für dich an der Zeit, etwas Neues zu erlernen, unbekannte Wege zu gehen oder dich für bereichernde Beziehungen zu öffnen. Ein Neuanfang ist immer aufregend, manchmal beängstigend, doch immer auch befreiend. Zu Beginn wird er all deine Kraft und Aufmerksamkeit erfordern, und du musst Altes loslassen. Doch lasse dich nicht von Zweifeln und Ängsten abhalten, sondern probiere spielerisch noch ungewohnte Schritte aus. Entfache ein Feuer der Neugier und Leidenschaft in deinem Geist und in deinem Herzen. Schaue auf die noch unbeschriebenen, reinen Seiten deines Lebensbuches, auf den Raum, der sich dir eröffnet und gefüllt werden will – mit Gutem, Wahrem, Schönem.

Ritual

Die Kraft des Rituals unterstützt dich auf deinem Weg.
Finde für dich passende Rituale, und integriere sie in dein Leben.

Die Kraft des Rituals ist schamanische Medizin. Heilung, Transformation, Einweihung und Vision – sie alle werden begleitet und verstärkt durch spirituelle Rituale. Selbst dein Alltag unterliegt einer Folge von Ritualen wie der morgendlichen Dusche, Pausen oder dem täglichen Spaziergang an der frischen Luft. Diese Botschaft bedeutet dir, dass du stärkende Rituale in dein Leben integrieren solltest. Ob Atemübungen, Meditationen, Räucherungen, Gebete, Zwiegespräche mit deiner Seele, Zeiten des Rückzugs in die Stille oder Natur – sie alle können ihre Kraft für dich entfalten, dich unterstützen und schützen. Finde die für dich passenden Rituale, und führe sie regelmäßig durch. So können sie die ihnen innewohnende Kraft, ihre Medizin, für dich entfalten und dich auf deinem Weg unterstützen. Spüre in dir nach, welches Ritual du heute brauchst, um in deine Stärke zu kommen oder dir diesen Zustand zu bewahren.

Selbstliebe

Deine Liebe zu dir ist der Schlüssel zu den Herzen anderer.
Versuche, voller Überzeugung zu sagen: »Ich liebe mich.«
Denn du bist fürwahr liebenswert.

Selbstliebe macht die Liebe zu einem anderen Menschen erst möglich. Denn nur durch die Wertschätzung und Akzeptanz deiner selbst kannst du dein Herz anderen öffnen. Dich selbst zu lieben, ist die Grundlage für wahre, tiefe Beziehungen auf Augenhöhe.

Entwickle ein Gespür für dich selbst, und gestatte dir, deine Bedürfnisse wahrzunehmen und auch zu befriedigen. Nimm dich so an, wie du wirklich bist, mit all deinen Schwächen und mit all deinen wunderbaren Anteilen, denn das alles bist du. Erlaube dir auch das Bedürfnis nach Veränderung, Weiterentwicklung und innerem Wachstum. Versuche, von Herzen zu sagen: »Ich liebe mich.« Und wisse: Du bist wahrhaft liebenswert!

Steine

In jedem Stein ruht die Seele der Erde. Finde deinen Stein, und gehe mit seiner besonderen Schwingung in Resonanz.

Die Steine haben sich dir offenbart. Alle Zeiten und Epochen, alles, was seit ihrem Entstehen geschehen ist, jede Energie, die auf sie eingewirkt hat, ist in ihnen gespeichert. So prägen sie die Orte, an denen sie sich befinden, und werden selbst durch sie geprägt.
In den Steinen ruht die Seele der Erde, und sie sind wertvolle Begleiter auf deinem Seelenweg. Sie speichern deine positiven Intentionen und wirken auf diese Weise schützend und kraftvoll für dich. Sie können belastende Energien und Schmerzen von dir nehmen, dich stärken und deine Heilung unterstützen. Wenn du um die Kraft der Steine, um ihre Medizin, weißt – und die weise Schamanin in dir tut es –, können sie diese vollends für dich entfalten. Finde einen Stein, der dich ruft, mit dem du in Resonanz gehst. Reinige ihn, und verbinde dich voller Wertschätzung und Dankbarkeit mit seiner Schwingung.

Tiere

Lasse zu, dass dich ein Tier im Innerstes berührt und dir in die Seele schaut. So wird es dich auf den Weg in deine Kraft begleiten.

Tiere sind unsere weisen Erdengeschwister. Geduldig und selbstlos unterstützen sie uns dabei, wieder mit unserer Seele in Kontakt zu kommen. Manchmal kreuzen sie unsere Wege, als hätten sie auf uns gewartet oder nach uns gesucht. Wenn

Weisheit

Weisheit ist die Stimme deines Herzens und deiner Seele in dir.

Die Weisheit deines Herzens und deiner Seele ist in dir. Im spirituellen Sinne weise zu sein, bedeutet, reflektiert zu denken, zu handeln und Mitgefühl walten zu lassen. Wenn du aus deinen Erfahrungen gelernt hast, sind sie ein Schatz. Sie sind dein innerer Reichtum.
Weisheit ist auch die Reife deines Bewusstseins und das Wissen um die Kraft deines Herzens und deiner Seele. Du beginnst, die Dinge anders wahrzunehmen und sie von einer höheren Warte aus zu betrachten – wie die Eule, die wissend und würdevoll auf die Welt herabblickt. Schaue auf dein Leben, und lasse die Kraft deiner Weisheit wirken!

Gehe mit der weisen Schamanin in dir weiter

Nun bist du 17 Schritte auf deinem Seelenweg gewandert. Du hast es gewagt, loszugehen, bist mutig Schritte der Selbstbetrachtung, des Fühlens, der Ehrlichkeit und der Bewusstwerdung deiner selbst gegangen. Sei dir sicher, dass deine Kraft, deine Weisheit und auch dein Wille nun gewachsen sind. Du bist fester mit dem tiefen Wissen deiner Seele verbunden und hast dich auf deine Reise der Heilung begeben. Das kann dir niemand mehr nehmen.

dir das geschieht, sei sicher: Es ist dein Seelengefährte. Dies Tier begleitet dich dann ein Stück durch dein Leben, schen dir seine Nähe und seine Liebe und vermehrt so dein Glück Auf diese Weise wird es zu deinem Krafttier.
Offenbart sich dir ein Tier, lässt es dich furchtlos in sein Herz und seine Seele blicken. Du brauchst nur zu schauen. Doch dieses »nur« erfordert Mut, weil du dich dadurch selbst erkennst. Das Tier spiegelt deine Seele, das ist seine besondere Gabe. Diese Botschaft lenkt deinen Blick auf die Kraft der Tiere. Vielleicht ist schon eines in deiner Nähe und bedeutet dir: »Lasse mich dein Tiergefährte sein und dich ein Stück auf deinem Weg begleiten.«

Verbundenheit

Du bist nicht allein, nicht getrennt, sondern sicher eingebettet im großen Ganzen. Diese liebevolle Energie trägt dich.

Alles ist mit allem verbunden. Wenn du dich selbst liebst, liebst du auch alles andere, denn alles ist in dir, und du bist in allem. Du kannst einen einzelnen Baum lieben, doch in diesem Baum ist der Wald, ist die Seele der Erde, ist die gesamte Schöpfung enthalten. Selbst im Kleinsten ruht das große Ganze.
Tief in dir weißt du, dass du nicht getrennt, nicht allein, sondern sicher eingebettet bist und von der liebevollen Energi der Weltenseele getragen wirst. Machst du dir die Verbunde heit mit der Schöpfung bewusst, fühlst du dich ganz. In dies Momenten bist du heil, und nichts kann dich erschüttern. V bundenheit ist eine Quelle der Kraft, und du kannst dich je zeit und überall an sie anschließen.

Die Reise geht weiter, sie endet nie. Doch von nun an wirst du von deiner inneren Schamanin begleitet. Sie führt dich sicher, weil du verstehst ihrer Stimme in dir zu lauschen und ihrer Weisheit zu folgen.
Immer dann, wenn dir erneut die Wogen über dem Kopf zusammenzubrechen drohen, wenn sich dein Schattenschmerz schon bei vermeintlich kleinen Dingen zeigt, wenn sich Wege links und rechts von dir auftun, du aber durch die Mitte willst, dort entlang, wo noch niemand zuvor gegangen ist, frage dich: »Wie würde die weise Schamanin die Dinge um mich herum bewerten? Wie würde sie mit den Gefühlen umgehen, die sich mir in dieser Situation offenbaren? Was würde sie denken, wie würde sie handeln und sein?«

Erinnere dich jeden Tag und jeden Moment aufs Neue an deine dir innewohnende Kraft. Lasse es zu einer Selbstverständlichkeit werden wie das Atmen, und wandere von nun an mit der weisen Schamanin in dir weiter auf deinem Seelenweg.

17 Schritte. Einen für jeden Tag. Das war mein Weg. Ich bin ihn gegangen. Ich habe geweint, gewütet, gelacht und mich glücklich gefühlt. Ich war verzweifelt, verängstigt, fand Trost und Liebe. Ich habe die Erde gespürt und Gott, ich bin gestorben und neu geboren worden. Jetzt bin ich angekommen. Ich hebe die Arme zum Himmel, spüre das Licht der Sonne, den Wind. Ich drehe mich im Kreis. Ich schreie, meine Seele schreit: »Ich bin da!«

Über die Autorin

Ina Ruschinski ist Erzieherin, Autorin, Reitpädagogin und Reiki-Meisterin. Sie arbeitet in einem multikulturellen Stadtteiltreff in Oldenburg, ihr Schwerpunkt ist dort das Female Empowerment. In ihren Werken vermittelt sie ihre langjährigen Erfahrungen mit Energiearbeit und Schamanismus.
www.ina-ruschinski.de

192 Seiten
ISBN 978-3-8434-1413-5

200 Seiten
ISBN 978-3-8434-1431-9

176 Seiten
ISBN 978-3-8434-1322-0

Über den Künstler

Aaron-João Markos ist Illustrator und Designer. Nach dem Studium und seinem Wirken in der Spielebranche machte er sich als Grafiker selbstständig. In seinem kreativen Schaffen stehen die Menschen im Fokus, die ihn in ihrer Vielfalt immer wieder aufs Neue inspirieren.
www.artstation.com/aaron-joao